일러두기
- 곤충의 이름 등 모든 한글과 외래어 표기는 국립 국어원 편찬 《표준국어대사전》을 우선으로 따랐습니다.
- 《표준국어대사전》에 등재되지 않은 경우 국립 국어원의 〈외래어 표기 용례집〉의 용례를 따르되, 곤충의 우리말 이름은 세계곤충도감과 세계 희귀 곤충백과, 국립중앙과학관 곤충 정보, 국립공원공단 생물종 정보, 두산백과사전 두피디아와 브리태니커 백과사전 등을 참조했습니다.
- 우리말 이름이 없는 곤충의 이름은, 라틴명 또는 학명을 그대로 사용하거나 그 특성을 잘 담고 있는 현지 이름을 살려 표기하고 그 풀이를 함께 실었습니다.

이사벨 토마스 글
옥스퍼드 대학교에서 인문 과학을 공부했고, 언론인으로도 일했습니다. 지금은 과학책과 어린이책을 쓰고 있습니다.
어린이를 위해 150권이 넘는 책을 썼고, '영국 공학자 협회 올해의 과학책', '왕립 협회 어린이책 부문 상', '블루 피터 책 상' 최종 후보에 올랐습니다.
지은 책으로 《이 책은 지구를 시원하게 해 줘요》, 《이건 쓰레기가 아니에요》 등이 있습니다.

루 베이커-스미스 그림
영국 배스에서 활동하는 일러스트레이터입니다. 교육의 창의성을 장려하는 데 큰 관심을 두고 있어 리셉션 수업 프로젝트에서 거주 예술가로 몇 년 동안 일했습니다. 최근에는 런던의 바비칸에서 4개의 창작 워크숍을 운영했습니다.

한성희 옮김
텍사스 A&M 대학교에서 저널리즘을 전공했습니다.
현재 번역 에이전시 엔터스코리아에서 전문 번역가로 활동하고 있습니다.
옮긴 책으로는 《진정한 아름다움》, 《종소리 울리던 밤에》, 《겨울은 여기에!》, 《작은 별을 주운 어느 날》, 《지구를 지켜줘!》, 《리키, 너도 구를 수 있어!》, 《작은 구름 이야기》, 《산타의 365일》 등이 있습니다.

어마어마한 곤충의 모든 것
ONE MILLION INSECTS

1판 1쇄 | 2022년 2월 22일

글 | 이사벨 토마스
그림 | 루 베이커-스미스
옮김 | 한성희

펴낸이 | 박현진
펴낸곳 | (주)풀과바람
주소 | 경기도 파주시 회동길 329
전화 | 031) 955-9655~6
팩스 | 031) 955-9657
출판등록 | 2000년 4월 24일 제20-328호
블로그 | blog.naver.com/grassandwind
이메일 | grassandwind@hanmail.net

편집 | 이영란
마케팅 | 이승민

값 15,000원
ISBN 978-89-8389-975-0 77490

One Million Insects
written by Isabel Thomas
and illustrated by Lou Baker Smith

Text ⓒ 2021 Isabel Thomas
Illustration ⓒ 2021 Lou Baker-Smith

Korean translation rights ⓒ 2022 GrassandWind Publishing
All rights reserved.

Published by arrangement with Welbeck Publishing Group Limited through AMO Agency.

이 책의 한국어판 저작권은 AMO 에이전시를 통해 저작권자와 독점 계약한 (주)풀과바람에 있습니다.
저작권법에 의해 한국 내에서 보호를 받는 저작물이므로 무단 전재와 무단 복제를 금합니다.

※잘못 만들어진 책은 구입처에서 바꾸어 드립니다.

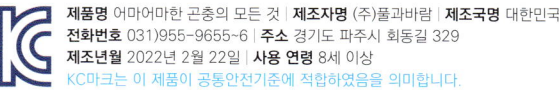

⚠ 주의
어린이가 책 모서리에 다치지 않게 주의하세요.

제품명 어마어마한 곤충의 모든 것 | 제조자명 (주)풀과바람 | 제조국명 대한민국
전화번호 031)955-9655~6 | 주소 경기도 파주시 회동길 329
제조년월 2022년 2월 22일 | 사용 연령 8세 이상
KC마크는 이 제품이 공통안전기준에 적합하였음을 의미합니다.

차례

곤충 행성에 온 걸 환영해요!	4
곤충이란?	6
눈부시게 다양한 곤충	8
노린재	10
이와 총채벌레	14
집게벌레와 흰개비붙이, 민벌레	16
강도래와 귀뚜라미붙이, 대벌레붙이	18
메뚜기, 풀무치, 귀뚜라미, 베짱이	20
바퀴벌레와 흰개미와 사마귀	24
대벌레와 가랑잎벌레	28
딱정벌레	30
파리	36
벼룩과 부채벌레와 밑들이	40
나비와 나방	42
날도래, 좀뱀잠자리, 풀잠자리, 약대벌레	46
말벌과 꿀벌과 개미	50
돌좀과 양좀	56
하루살이와 잠자리와 실잠자리	58
수백만 종 이상	60
단어 풀이	62

곤충 행성에 온 걸 환영해요!

누가 세상을 지배할까요? 숫자가 가장 많은 동물일까요? 아니면 종이 가장 많은 무리일까요? 또는 7대륙 어디에나 사는 동물일까요? 곤충은 세 가지 조건에 전부 해당해요!

최초의 곤충은 공룡이 등장하기 훨씬 전인 4억 년 전쯤에 나타났어요. 몸집이 크고 힘이 센 동물이 사라져 버린 대멸종을 곤충은 네 번이나 겪고도 살아남았죠. 곤충은 포유류와 꽃이 피는 식물이 처음 나타나는 모습도 지켜봤습니다. 지금까지 최대 1000경(京) 마리의 곤충이 세계 곳곳에서 기어 다니고, 날아다니고, 돌아다니고 있어요. 곤충은 사람보다 숫자가 엄청나게 많아요. 한 명당 약 14억 마리나 더 많죠! 곤충은 다양한 생물군이기도 해요. 지금까지 백만 종 이상의 곤충이 발견되었고 이름이 붙여졌어요.

가장 습한 숲에서부터 가장 건조한 사막까지, 꽁꽁 언 북극에서부터 열대 우림에 이르기까지 곤충은 온갖 서식지에서 살아남는 방법을 찾아냈어요. 심지어 다른 곤충 안에 사는 곤충도 있죠! 곤충은 수백만 종 이상이라 매우 다르지만, 이렇게 성공적으로 살아남게 된 데에는 공통점이 있습니다.

작은 크기
날개
겉뼈대
6개의 다리

곤충은 지구에서 살아남는 데 가장 성공한 생물일 뿐만 아니라, 가장 중요한 생물이기도 해요. 이 책에서는 식물의 꽃가루받이(수분)를 돕고 씨앗을 퍼트리는 곤충을 만나게 될 거예요. 해충을 잡아먹어서 수백만 마리의 다양한 동물에게 먹이를 주는 곤충도 만나고요. 배설물과 죽은 동식물을 분해한 입자를 재활용해서 새로운 생명이 쓰게 하는 곤충 분해자도 있어요. 백만 종의 곤충은 지구에 있는 거의 모든 생태계를 지탱하고 있습니다.

곤충이란?

쓰러진 나무토막을 들어 보거나 연못에 그물을 던지거나 나무를 흔들어 보면, 우리가 사는 지구에 작은 동물이 기어 다니는 모습을 발견할 거예요! 하지만 이런 동물이 전부 다 곤충은 아니에요. 곤충은 뭐가 다르고 뭐가 특별할까요?

지구에는 수백만 가지의 다양한 생물이 살고 있어요. 과학자들은 생물을 기록하려고 비슷한 점이 있는 무리끼리 분류했어요. 곤충은 뼈가 없는 동물인 '무척추동물'이라는 큰 동물군에 속해요. 사실 무척추동물은 몸 안에 뼈가 전혀 없어 어떤 무척추동물은 꽤 물렁물렁해요. 하지만 무척추동물의 하나인 '절지동물'은 바깥쪽에 겉뼈대(외골격)라는 단단한 껍질이 있어요.

겉뼈대는 꽤 쓸모 있어요. 포식자로부터 몸을 지켜 주고, 절지동물의 몸에서 물이 빠져나가지 못하게 막아 줘서 몸이 바짝 마르지 않아요! 모든 절지동물은 몸이 좌우 대칭을 이루며 몸마디(체절)가 있고, 다리가 2개씩 쌍으로 자라요. 거미, 게, 지네는 모두 이런 특징이 있지만, 절지동물 중에서 가장 큰 무리는 곤충이랍니다.

몸의 세 부분
곤충의 몸은 부분마다 역할이 다 달라요. 머리는 먹이를 먹고 감지하는 부분이에요. 가슴에는 다리와 날개가 달려 있어요. 배는 음식을 소화하고 번식하는 부분이 있어요.

날개 달린 손님
곤충 대부분은 일생에서 적어도 얼마간 날개가 있어요. 곤충은 지구에서 하늘을 난 최초의 생물이에요. 아직도 곤충은 팔이나 지느러미가 변한 날개가 아니라 제대로 된 날개를 가진 유일한 동물이랍니다.

강(綱) : 곤충
종(種) : 백만 종 이상
서식지 : 거의 모든 곳

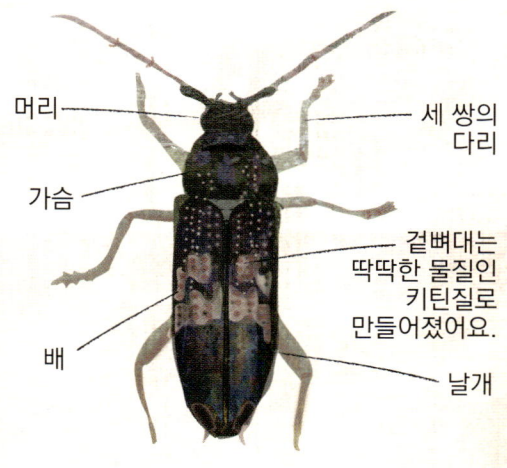

머리 · 가슴 · 배 · 세 쌍의 다리 · 겉뼈대는 딱딱한 물질인 키틴질로 만들어졌어요. · 날개

걸어 다니는 삼각대
곤충은 걷거나 달릴 때, 항상 세 발로 땅을 디뎌요. 한쪽에는 두 발, 다른 쪽에는 한 발로 버티죠. 이렇게 '삼각대처럼 세 발로 걸으면', 곤충이 위로 똑바로 올라갈 때 균형을 유지하거나 표면에 딱 붙어 있을 수 있어요.

겹눈과 홑눈

이 파리는 눈이 몇 개일까요? 자세히 봐요. 말벌, 꿀벌, 파리는 모두 눈이 5개예요! 한 쌍의 겹눈과 3개의 홑눈이 있죠.

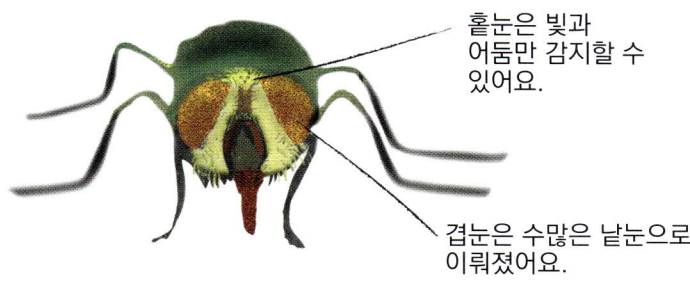

홑눈은 빛과 어둠만 감지할 수 있어요.

겹눈은 수많은 낱눈으로 이뤄졌어요.

폐가 없어!

곤충은 숨을 쉬지만, 입이나 머리로 숨을 쉬지 않아요. 대신 몸 옆에 있는 숨구멍(기문)이라는 작은 구멍을 통해 호흡해요.

뛰어난 감각

곤충은 감각을 통해 주변 세계를 전부 알 수 있어요. 덕분에, 위험을 피하고 친구나 점심거리를 찾을 수 있죠! 곤충의 감각은 사람의 감각과 매우 달라요. 더듬이로 냄새를 맡는 곤충도 있고, 발로 맛을 보는 곤충도 있으며, 다리로 듣거나 엉덩이로 보는 곤충도 있어요!

꽃과 곤충

곤충의 감각이 발달하면서 꽃도 발달했어요! 맛있는 향기와 아름다운 색깔로 곤충에게 어디에 먹이가 있는지 알려 주죠. 꽃가루를 퍼트리려고 꽃으로 꿀을 공짜로 먹을 수 있다고 사방에 알려요. 어떤 곤충은 똥이나 죽은 동물의 냄새를 좋아하다 보니, 그런 냄새를 풍기는 꽃도 있어요!

거미와 전갈

거미와 전갈과 같은 거미류는 절지동물이에요. 하지만 다리가 8개이고 날개도 없으므로 곤충이 아니에요.

노래기와 지네

노래기와 지네는 절지동물이지만, 날개가 없고 곤충보다 다리와 몸마디가 더 많아요.

쥐며느리

갑각류 대부분은 물속에 살아요. 하지만 쥐며느리는 땅에 사는 갑각류죠.

톡토기, 낫발이목, 좀붙이목

톡토기는 다리가 6개이지만, 날개를 가져본 적이 없어요. 입이 머리 안쪽에 숨겨져 있고, 흔히 눈이나 더듬이가 없어요.

눈부시게 다양한 곤충

곤충은 동물군이 어마어마하게 많아요. 우리가 아는 백만 종의 곤충은 공통점이 많지만, 이상하고 놀라운 차이점도 많아요.

모양과 크기, 색깔이 다 다른 곤충
- 모든 모양 : 길고 가는 막대기 같은 곤충에서부터 크고 둥근 딱정벌레까지.
- 모든 크기 : 넓찍한 접시 크기의 나방에서부터 너무 작아 잘 보이지 않는 요정 말벌까지.
- 모든 색깔 : 검정과 노랑 꿀벌 무늬에서부터 화려한 공작나비까지.

다양한 날개

곤충 대부분은 날개가 4개이지만, 어떤 곤충은 겨우 한 쌍만 있기도 하고 어떤 곤충은 날개가 전혀 자라지 않기도 해요. 곤충의 날개는 유유히 나부끼는 나비에서부터 전투기 조종사처럼 정확히 목표물을 향해 빠르게 내려가 공격하는 잠자리에 이르기까지 그 모양과 움직임이 다양해요.

다양한 입

곤충의 입 모양을 보면, 어떤 먹이를 좋아하는지 알 수 있어요. 단단한 턱은 잎사귀를 씹거나 다른 곤충을 으드득 씹어 먹는 데 좋아요. 바늘처럼 뽀족한 관 모양은 피부나 줄기를 뚫어 피를 빨아 먹거나 수액(식물 즙액)을 빨아 먹는 데 좋고요. 돌돌 말린 빨대 입은 숨겨진 꿀을 찾을 수 있어요. 스펀지 같은 입은 액체로 된 먹이를 빨아들일 수 있지만 그전에 소화가 돼야만 해요!

서로 다른 한살이

딱딱한 겉뼈대를 지닌 동물은 인간처럼 서서히 자랄 수 없어요. 곤충의 껍질은 단단한 피부층(큐티클 또는 각피)으로 되어 있으므로 더 크게 자라려면 껍질을 벗어야 해요. 이 과정을 '허물벗기(탈피)'라고 하죠. 어린 곤충은 어른벌레(성충)가 될 때까지 여러 번 탈피해요. 모든 곤충은 알을 낳지만, 알에서 어른벌레가 되기까지는 세 가지 다른 길이 있어요.

1. 어떤 곤충은 생김새가 부모와 똑같은데 크기만 작은 상태로 태어나죠. 이런 애벌레는 어른벌레가 될 때까지 자라면서 여러 번 탈피해요.

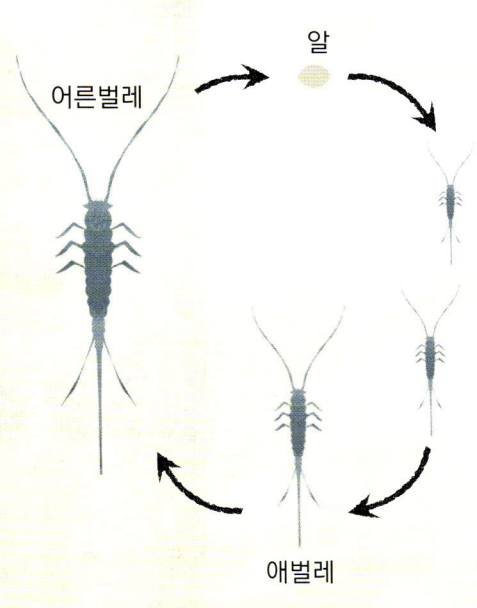

2. 어떤 곤충의 애벌레는 부모와 다르게 생겼어요. 예를 들어, 날개가 없거나 땅이 아니라 물속에서 살 수도 있어요. 탈피할 때마다 몸이 조금씩 달라져요.
이런 과정을 '불완전 탈바꿈(불완전 변태)'이라고 해요.

3. 갓 태어난 곤충 대부분은 부모와 완전히 다르게 생기고 움직임도 전혀 달라요. 마지막 탈피는 아주 특별해요. 번데기가 되어 고치 같은 것 속에서 쉬며 몸을 다시 바꿔요. 이 과정은 애벌레의 기관과 조직이 어른벌레의 구조로 바뀌는 매우 중요한 시기예요.

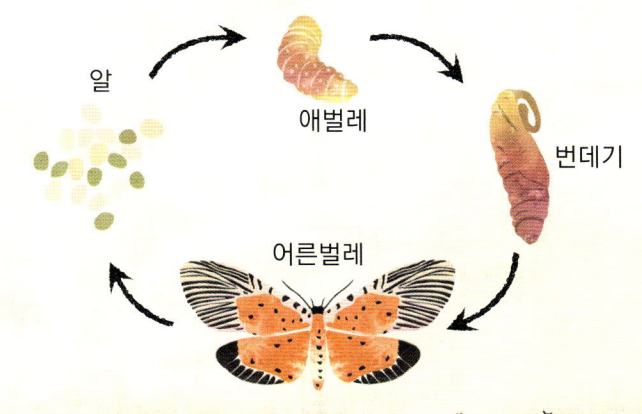

곤충 분류하기

과학자들은 다양한 곤충을 기록하려고 비슷한 특징이 있는 무리끼리 묶어 더 작은 단위로 분류했어요. 그런 무리를 '목(目)'이라고 해요. 이 책에서는 장마다 한 가지 '곤충 목'이나 관련이 많은 목의 무리를 살펴볼 거예요. 알아야 할 비밀이 아직도 많은 흔한 종을 만나기도 하고, 어리둥절하게 하는 한살이 과정을 가진 희귀 곤충도 만나게 되죠. 이 책을 통해 아름답고 기괴하고 어마어마한 곤충의 매력에 푹 빠져 봐요!

노린재

'벌레'와 '곤충'은 완전히 같은 말이 아니에요. 벌레에는 곤충 말고도 여러 작은 동물이 포함되죠. 곤충 10가지 중에서 하나쯤은 노린재 무리에 속해요. 얼핏 보면, 이 곤충 무리는 서로 아주 다르게 생겼지만, 자세히 살펴보면 비슷한 점이 많아요.

옥은점나무왕진딧물

수액을 빨아 먹는 곤충

노린재 무리는 바늘이나 부리 모양 입으로 무언가(또는 누군가!)를 찔러서 안에 든 즙을 빨아 먹어요. 대부분은 식물의 즙을 먹어요. 진딧물, 깍지벌레, 가루이 등의 큰 무리는 농작물에 피해를 끼칠 수 있어요.

새끼를 가장 많이 낳는 곤충

수천 종이나 있는 진딧물은 더 많은 진딧물을 만드는 엄청난 능력이 있어요! (굶주린 포식자도 없고 먹이를 한없이 먹을 수 있는) 완벽한 진딧물 세계에서 어미는 혼자서 수십억 마리의 새끼를 낳을 수 있어요. 진딧물이 각자 수십억 마리 이상을 계속해서 낳는다면, 머지않아 지구는 150킬로미터 두께의 진딧물 층으로 뒤덮일 거예요! 다행히 그런 일은 일어나지 않아요. 무당벌레, 새, 수많은 다른 생물이 진딧물 먹는 걸 좋아하거든요.

깍지벌레

깍지진디라고도 부르는 깍지벌레는 가장 작은 노린재 무리예요. 약 8천여 종이 있지만, 보기가 어려워요. 깍지벌레 대부분은 단단한 껍질이나 밀랍처럼 부드러운 덮개 밑에서 살면서, 식물이 가루이처럼 비늘에 덮인 듯이 보이게 해요.

가루이는 식물의 잎 밑에서 먹이를 먹어요. 식물 사이를 오가며 바이러스를 퍼트릴 수 있어서 농부와 정원사들이 아주 싫어해요.

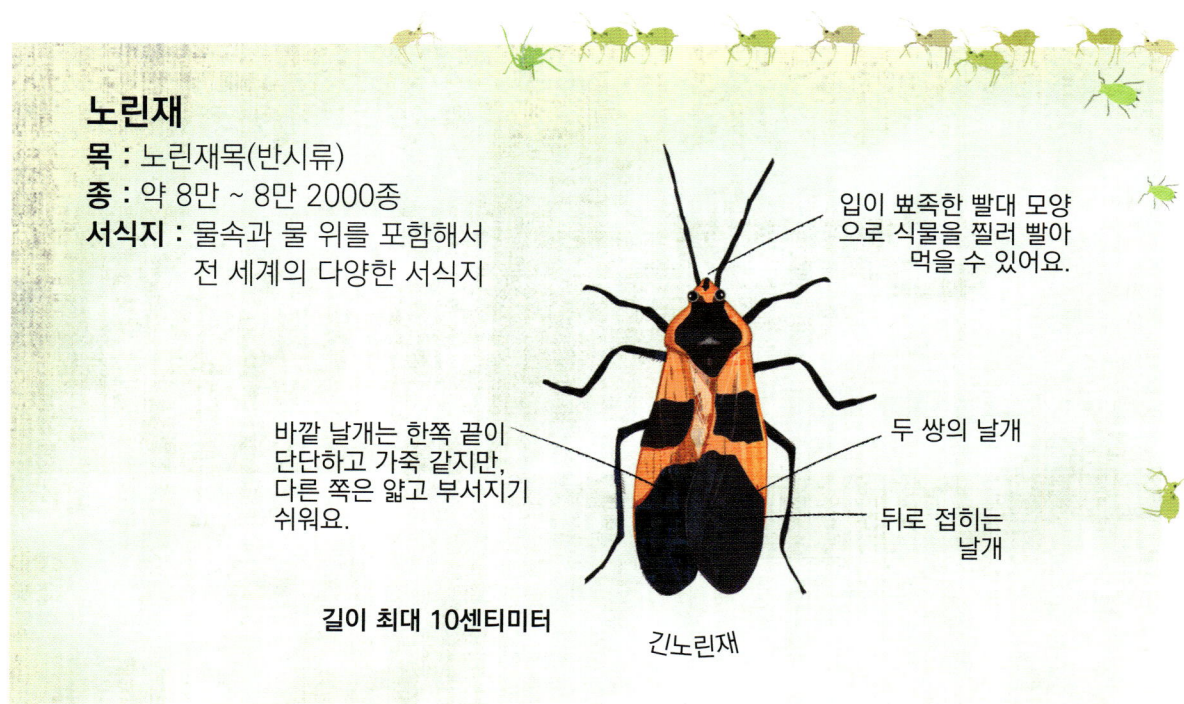

노린재

목: 노린재목(반시류)
종: 약 8만 ~ 8만 2000종
서식지: 물속과 물 위를 포함해서 전 세계의 다양한 서식지

- 입이 뾰족한 빨대 모양으로 식물을 찔러 빨아 먹을 수 있어요.
- 두 쌍의 날개
- 뒤로 접히는 날개
- 바깥 날개는 한쪽 끝이 단단하고 가죽 같지만, 다른 쪽은 얇고 부서지기 쉬워요.

길이 최대 10센티미터

긴노린재

개미 농부

진딧물과 깍지벌레는 단맛이 나는 수액을 많이 먹은 다음에, 달콤하고 끈적끈적한 단물을 밖으로 내보내요. 개미는 이 단물을 진짜 맛있어해요. 어떤 개미는 진딧물이나 깍지벌레와 함께 살면서, 마치 농부처럼 이곳저곳으로 데리고 다니며 날씨와 포식자로부터 지켜 줘요. 개미는 그 보답으로 단물을 실컷 먹을 수 있지요.

거품벌레와 매미충

'거품벌레(froghopper)'는 개구리처럼 생긴 얼굴에 높이뛰기 실력도 뛰어나서 지어진 이름이에요. 거품벌레는 거품 속에 있는 걸 좋아해서 영어로는 '침벌레(spittlebug)'라고도 해요. 실제로 침을 뱉지는 않아요. 거품벌레는 끈적끈적한 점액에 공기를 불어 넣어서 거품을 만들어요. 거품은 거품벌레를 포식자로부터 숨겨 주고 따뜻한 날 바짝 마르지 않게 막아 주죠.

악어머리뿔매미는 악어 머리와 눈알 무늬로 포식자가 접근하지 못하게 속이지만, 실패하면 스컹크처럼 지독한 냄새를 내뿜어요!

우리가 먹는 벌레

곤충을 먹어 본 적이 있나요? 모든 음식을 직접 요리해 먹지 않는다면 틀림없이 먹어 봤을 거예요. 연지벌레는 선인장 잎에 사는 작은 깍지벌레예요. 연지벌레는 말리고 으깨서, 식용 색소로 자주 쓰는 붉은 염료로 만들 수 있어요. 많은 사람이 벌레 먹는 걸 좋아하지 않기 때문에 식품 라벨에 카민, 카민산, 코치닐 추출 색소 등으로 표시되어 있어요.

두줄거품벌레

연지벌레

매미는 두툼한 몸에 커다란 머리와 기다란 날개가 있어요. 가장 큰 매미는 최대 10센티미터까지 자라죠.

가장 오래 사는 곤충
주기매미는 어떤 곤충보다도 오래 살지만, 대부분의 시간을 땅속에서 보내요! 많은 매미 떼는 거의 17년간 숲속 어두운 흙 속에 숨어서 나무뿌리 즙을 빨아 먹어요. 그러다 갑자기 동시에 땅 위로 쑥 올라오죠! 몇 주에 걸쳐서 매미는 짝짓기를 하고 알을 낳아요. 애벌레는 알에서 나오자마자, 땅속으로 다시 돌아가서 또 17년을 기다리기 시작해요.

시끄러운 곤충
많은 노린재 무리 곤충은 소리를 잘 내지만, 그중 으뜸은 수컷 매미예요. 매미는 배 양쪽 V자 모양의 발음기를 북의 가죽처럼 초당 수백 번 흔들어요. 수천 마리의 수컷 매미가 한꺼번에 맴맴 우는 소리는 드릴 소리보다 커서 사람의 귀가 아플 정도로 시끄러울 수 있어요!

여기 있는 멸구는 밝은 초록색 날개를 나뭇잎처럼 교묘하게 위장해요. 심지어 나뭇잎처럼 보이게끔 앉아 있어요.

가시 모양 벌레
온종일 수액을 빨아 먹고 다니는 움보니아 스피노사(뿔매미)는 다른 동물의 점심이 될 위험이 있어요. 그래서 어떤 동물도 먹고 싶지 않은 날카롭고 뾰족한 가시로 위장해 그런 위험을 피해요.

침노린재
침노린재는 영화에 나오는 괴물처럼 날카로운 주둥이로 먹잇감을 찔러서 독침을 넣은 다음에 먹이를 다 빨아 먹어요. 침노린재는 아주 작은 동물만 잡아먹지만, 더 큰 동물을 꽉 물어서 말벌에 쏘인 듯한 고통을 줄 수 있어요. 어떤 침노린재의 애벌레는 먼지나 모래를 등에 딱 붙여서 몸을 감춰요. 또 다른 침노린재는 말라 버린 먹잇감으로 소름 끼치는 겉옷을 만들어요!

물장군

다양한 노린재 무리 곤충은 물속이나 물 위에서 살아요. 손바닥만 한 크기로 자라는 물장군도 포함되어 있지요. 이 거대한 동물은 무시무시한 포식자로 물속 작은 물고기와 개구리를 사냥하기도 해요.

장구애비는 집게발에서 이름을 따서 지었지만, 가장 특이한 특징은 몸의 반대쪽 끝에 있어요. 장구애비 배 끝에는 실제로 스노클 같은 기다란 숨관이 있지요.

잘 때 무는 벌레

모든 노린재가 식물의 즙을 빨아 먹지는 않아요. 어떤 노린재는 육식을 더 먹으려고 주둥이로 동물의 피부를 콕 찔러요. 빈대는 가장 악명 높아요. 낮에는 구석구석 꼭꼭 숨어 있다가 밤에 사람이 잠들면 물어서 피를 후루룩 마셔요. 물리는 건 아프지 않지만, 침 때문에 피부가 몹시 가려워요.

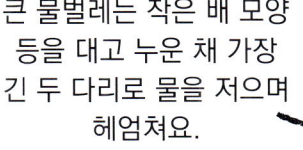

큰 물벌레는 작은 배 모양 등을 대고 누운 채 가장 긴 두 다리로 물을 저으며 헤엄쳐요.

놀라운 색깔의 벌레

어떤 노린재는 자신들이 먹는 식물과 색깔이 똑같아서 잘 구별되지 않아요. 또 다른 노린재는 밝은 무지갯빛 무늬를 뽐내며 다른 동물에게 맛이 없으니까 먹지 말라고 경고해요!

악취가 나는 벌레

몸이 방패처럼 생긴 방패벌레의 진짜 방어 수단은 가슴에서 찍 뿜어내는 냄새와 맛이 지독한 화학 물질이에요. 이런 이유로 노린재는 '방귀 벌레'로도 불려요!

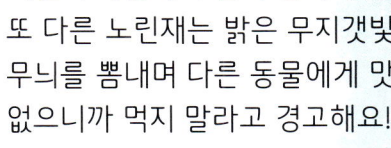

이와 총채벌레

우리 집이나 우리 몸에 살고 있어도 너무 작아서 거의 눈치채지 못하는 곤충을 함께 만나 봐요! 그중 가장 큰 곤충은 겨우 몇 밀리미터밖에 자라지 않아요. 가장 작은 곤충은 너무 작아서 움직이는 먼짓덩어리로 착각할 수도 있어요.

사람에 기생하는 벌레

깨물고 피를 빨아 먹는 '이'는 기생충이에요. 아무 대가도 주지 않고 큰 동물에 기대어 살아요. 머릿니를 포함한 몇 가지 이는 심지어 사람에게도 기생해요. 암컷 머릿니는 매일 약 10개의 알을 낳는데, 머리에 딱 붙어 있어서 잘 씻기지 않아요. 머릿니는 물면 가렵긴 하지만, 대체로 해롭지는 않아요.

꽃가루받이 매개자

수액을 빨아 먹는 다른 곤충처럼, 총채벌레는 줄기를 물어뜯어서 식물이 만든 음식을 훔칠 때 식물을 손상시킬 수 있어요. 하지만 어떤 총채벌레는 꿀, 꽃, 꽃가루 먹는 걸 좋아해요. 그런 총채벌레는 꽃가루를 온몸에 다 묻히고 먹어서, 벌처럼 식물의 꽃가루받이를 도와요.

책을 좋아하는 벌레

책다듬이벌레는 실내에서 살아요. 이름에서 알 수 있듯이 책다듬이벌레는 오래된 책에서 발견되지만, 종이를 먹지는 않아요. 책에는 곰팡이와 균이 자랄 뿐이죠. 책다듬이벌레는 밀가루와 다른 건조식품에서도 발견되는데, 봉지에 구멍을 낼 정도로 세지 않아서 별로 해롭지 않아요.

코끼리이

코끼리의 거친 피부를 물어뜯는다고 상상해 봐요! 주둥이 끝에 특별히 물어뜯는 입이 있는 코끼리이가 온종일 하는 일이에요.

폭풍벌레

총채벌레는 천둥과 번개가 치려는 날씨에 날아다니기 시작해서 천둥벌레와 폭풍벌레라는 별명이 있어요. 밝은색 꽃을 좋아하는 총채벌레는 밝은 색깔 옷에 모여드는 편이에요. 밝은 노란색 셔츠를 입고서 관중석에 앉아 있던 축구 팬들이 총채벌레로 온통 뒤덮인 적이 있었어요.

곡물총채벌레

밀과 다른 곡물의 어린 낟알이 있는 곳은 총채벌레 찾기 좋은 장소예요. 곡물을 흰 종이 위에 놓고 톡톡 두드리면서, 떨어져 나온 알갱이를 자세히 봐요. 특히 일어나서 달아나는 알갱이를 잘 봐요!

곡물총채벌레

빨거나 무는 '이'

목: 이목
종: 약 3150~5000종
서식지: 더 큰 동물한테 기생하거나 근처에 살아요.

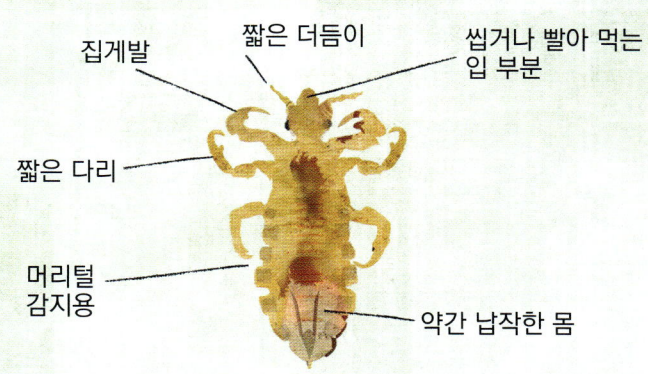

집게발 / 짧은 더듬이 / 씹거나 빨아 먹는 입 부분 / 짧은 다리 / 머리털 감지용 / 약간 납작한 몸

길이 1~10밀리미터

총채벌레

목: 총채벌레목
종: 약 5000~6000종
서식지: 주로 식물에서 살아요.

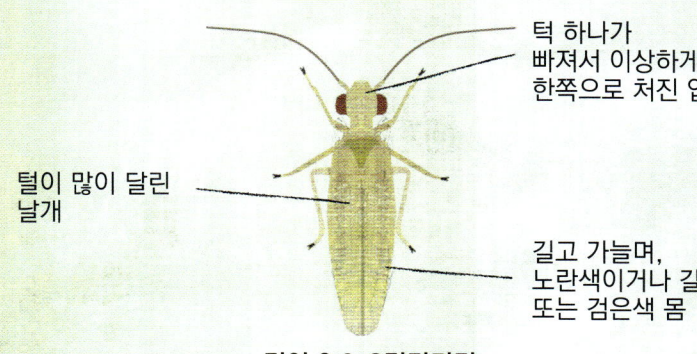

턱 하나가 빠져서 이상하게 한쪽으로 처진 입 / 털이 많이 달린 날개 / 길고 가늘며, 노란색이거나 갈색 또는 검은색 몸

길이 0.6~3밀리미터

책다듬이벌레와 책좀

목: 다듬이벌레목
종: 약 3000~5000종
서식지: 나무껍질이나 마른 잎 밑에 살고, 몇 가지 종은 실내에서 살아요.

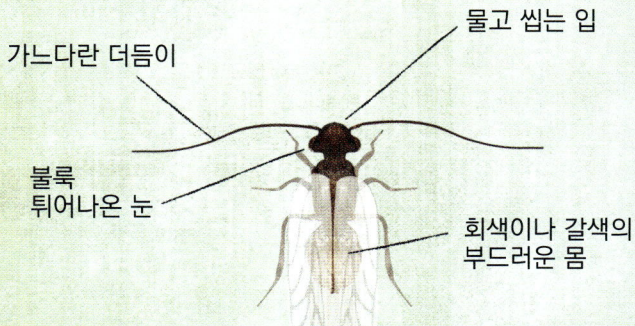

물고 씹는 입 / 가느다란 더듬이 / 불룩 튀어나온 눈 / 회색이나 갈색의 부드러운 몸

먼지만큼 작은 크기

집게벌레와 흰개비붙이, 민벌레

이들 곤충은 낮에 어두운 곳에 숨어 있다가 주로 밤에 움직여서 먹이를 먹어요. 돌을 들어 보거나 나뭇잎 더미를 뒤적거리지 않으면 발견할 수 없어요. 이들은 사납게 싸우고, 솜씨 좋게 실을 엮고, 새끼를 잘 돌봐요. 게다가 죽어서 썩은 식물을 치우고 재활용하는 데 도움을 주기도 해요.

재활용하는 곤충

대부분 집게벌레는 밤에 먹이를 먹는데, 진딧물과 깍지벌레처럼 천천히 기어 다니는 벌레를 사냥하거나 죽은 식물성 물질을 우적우적 씹어 먹어요. 집게벌레는 죽은 식물을 분해해 주므로 정원에 있으면 좋은 생물이랍니다. 어떤 종은 식물 뿌리를 야금야금 갉아 먹거나 설치류나 박쥐에 기생하기도 해요.

무시무시한 도구

집게벌레는 배 끝에 달린 집게를 아주 다양하게 사용해요. 마치 천하무적 무기가 달린 듯하죠. 집게로 먹잇감을 잡고, 죽이고, 옮기거나, 숨겨진 날개를 펴고 다시 접을 수도 있어요.

큰집게벌레는 새끼손가락보다 더 길게 자랄 수 있어요!

새끼를 잘 돌보는 집게벌레

어미 집게벌레는 알을 조심스럽게 지키고, 곰팡이를 없애려고 씻겨 주기도 해요. 어린 애벌레에게 먹이를 모아 주려고 어디에도 가지 않아요. 하지만 민집게벌레의 애벌레는 탈피를 두 번 하고 나면, 어미의 먹이가 되지 않으려고 서둘러 달아나죠!

비단 우산

흰개미붙이는 나무껍질과 숲속 바닥에 살면서, 죽은 식물과 이끼를 갉아 먹어요. 그들은 실을 토해내 머리 위에 커다란 비단 그물집을 만들어요. 비단 통로를 따라 앞뒤로 달아나면, 개미처럼 굶주린 포식자가 공격해도 안전하죠. 흰개미붙이와 알은 비단실 덕분에 열대 지역에 폭우가 쏟아져도 씻겨 나가지 않아요!

집게벌레처럼 암컷 흰개미붙이도 새끼를 잘 돌보죠. 어떤 흰개미붙이는 먹이를 미리 씹어서 애벌레에게 먹이기도 해요.

작은 민벌레

민벌레는 세계에서 가장 작은 곤충에 속해요. 가장 큰 민벌레라고 해도 길이가 겨우 4밀리미터밖에 되지 않아요! 민벌레는 몇십 마리가 무리 지어 사는데, 때로는 흰개미와 함께 살기도 해요. 민벌레는 회충과 진드기뿐만 아니라 곰팡이도 먹어요.

집게벌레
목: 집게벌레목
종: 약 2000종
서식지: 흙 속, 돌 아래, 기타 어두운 곳에 살며, 특히 열대의 습한 지역에 살아요.

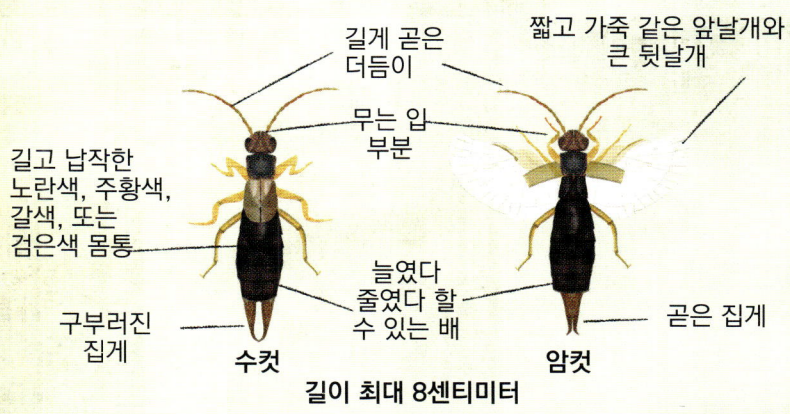

길이 최대 8센티미터

흰개미붙이
목: 흰개미붙이목
종: 약 170~450종
서식지: 열대 우림

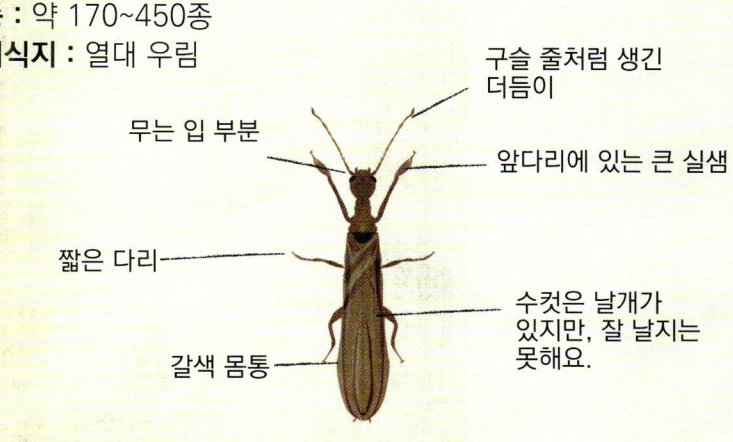

길이 최대 20밀리미터

민벌레
목: 민벌레목
종: 약 30~35종
서식지: 전 세계 대부분의 열대 지역에 있는 축축하고 썩은 나무껍질과 나무토막에서 살아요.

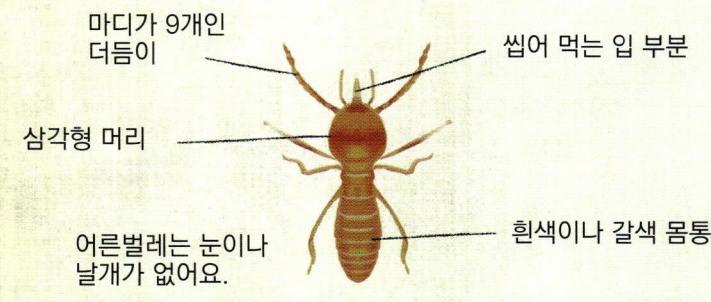

길이 최대 4밀리미터

강도래와 귀뚜라미붙이, 대벌레붙이

이번에 나오는 곤충은 공룡이 나오기 전부터 살고 있어요. 요즘에는 세계에서 가장 극한 환경에 있는 바위 밑에 숨어 있고, 밤에만 나와요.

물에서 태어나는 곤충

강도래는 물속에서 삶을 시작해요. 암컷은 물 위를 날아다니다가 작은 폭탄처럼 알을 뚝 떨어뜨리거나 꼬리를 물속에 담가서 알을 씻겨내죠. 알에서 나온 애벌레는 꼬리가 두 개 달린 집게벌레처럼 생겼어요.

강도래 애벌레는 어른벌레가 되기 전까지 최대 30번의 탈피를 하는데, 몇 년이나 걸려요! 돌 밑에 숨어 있으면서 조류(藻類)와 여러 수중 식물을 조금씩 먹으면서 시간 대부분을 보내죠. 마침내 어른벌레로 부화하려고 할 때, 물 밖으로 기어 나와 바위나 돌 위에 올라가서 마지막으로 탈피하고 새로운 날개를 짝 펼쳐요.

강도래와 대벌레붙이는 땅에 몸을 톡톡 두드려서 '말'을 해요. 각각의 종은 곤충의 모스 부호 같은 자기만의 연주 소리가 정해져 있어요.

인간의 위협

이런 고대 곤충은 수억 년 동안 지구에서 살아왔지만, 지금은 인간으로부터 위협받고 있어요. 강도래는 오염된 물에 쉽게 피해를 봐서, 마을이나 도시 근처에서는 거의 볼 수가 없어요. 강도래를 발견한다면, 그 물은 깨끗하고 맑다는 증거예요. 대부분의 귀뚜라미붙이는 섭씨 14도보다 훨씬 더 따뜻해지면 살아남을 수 없어요. 그래서 지구 온난화로 인한 무더위가 걱정스러워요.

추운 곳에 사는 곤충

귀뚜라미붙이는 바퀴벌레와 교배한 귀뚜라미처럼 생겼어요. 이들은 얼음과 눈 위로 기어 다니면서 추위를 견디지 못하는 작은 동물을 잡아먹기 때문에 '얼음벌레'라고도 알려져 있어요. 귀뚜라미붙이는 햇빛을 피하고 냉장고처럼 차가운 날씨를 가장 좋아해요. 날씨가 따뜻해지면, 눈과 얼음 밑으로 파고들어 가요.

검투사 벌레

지금까지 대벌레붙이 중에서 겨우 몇 종만이 발견되었어요. 대벌레붙이는 전부 포식자인 듯해요. 어떤 대벌레붙이는 자기만 한 크기의 먹이를 잡아먹을 수도 있어요! 싸우는 기술이 어마어마해서 '검투사 벌레'라는 별명을 얻었어요.

강도래

목 : 강도래목
종 : 2000~3500종
서식지 : 전 세계에 있는 시냇물이나 강에 살아요.

불룩 튀어나온 눈 / 기다란 더듬이 / 납작하고 좁은 몸통 / 두 쌍의 긴 날개 / 한 쌍의 기다란 꼬리털

길이 최대 48밀리미터

귀뚜라미붙이

목 : 귀뚜라미붙이목
종 : 약 30종
서식지 : 북미와 동아시아에 있는 추운 산에서 살아요.

작은 눈 / 기다란 더듬이 / 기다란 꼬리털

길이 최대 34밀리미터

대벌레붙이

목 : 대벌레붙이목
종 : 약 20종
서식지 : 사하라 사막 이남의 아프리카에 있는 관목과 풀에서 살아요.

걸을 때 '발가락'을 땅에서 떼고 있어요. / 튼튼한 몸통

길이 최대 40밀리미터

메뚜기, 풀무치, 귀뚜라미, 베짱이

이 곤충들은 눈으로 보기도 전에 소리부터 먼저 들려요! 메뚜기와 귀뚜라미는 찌르르 시끄럽게 우는 소리로 주변 공기를 꽉 채우죠. 짝을 끌어들이려고 이런 소리를 내지만, 포식자를 끌어들일 수도 있어요. 다행히 운동선수처럼 다리가 길어 이들은 튼튼한 뒷다리로 펄쩍 뛰어서 위험에서 벗어날 수 있어요.

메뚜기와 풀무치
- **아목(亞目)** : 메뚜기아목
- **종** : 1만 2000종
- **서식지** : 전 세계에 있는 풀밭과 습지

큰 머리 · 겹눈 · 통통한 몸통 · 배에 있는 '귀' · 튼튼한 뒷다리 · 두 쌍의 날개

길이 최대 11.5센티미터

채식하는 곤충
메뚜기는 넓은 풀밭에 앉아서 억센 잎사귀를 씹으며 하루하루를 보내요. 많은 메뚜기는 자기 몸을 보호하기 위해 주위 식물 빛깔을 닮아 초록색이나 갈색이죠. 알록달록한 메뚜기는 먹은 식물에서 나온 맛없는 독소로 가득 차 있다고 포식자에게 경고하기 위해 밝은색을 띠어요!

곤충 음악가
메뚜기는 뒷다리로 날개를 비벼서 울음소리를 내요. 메뚜기는 종마다 다른 소리를 내서 서로 구별할 수 있어요. 이를 위해 메뚜기 몸에는 작은 고막이 있어요!

떼로 몰려와요!

풀무치는 커다란 메뚜기처럼 보이지만, 움직임이 아주 달라요. 풀무치는 서식지가 붐비기 시작하면 더 많은 먹이를 찾으려고 커다란 무리, 즉 떼를 지어서 훌쩍 떠나죠. 최대 500억 마리의 풀무치가 크게 떼를 짓기도 해요. 풀무치는 자기 몸무게만큼의 먹이를 매일 먹을 수 있어요. 그래서 더 많은 먹이를 찾으려고 떠나기도 전에 농작물을 몽땅 먹어 치울 수 있어요.

메뚜기는 가능하면 훌쩍 뛰어서 위험에서 벗어나는 편이지만, 커다란 북아메리카메뚜기는 공격을 받으면 날개를 번쩍 치켜들어요. 이 메뚜기는 포식자가 번쩍임을 겁내지 않으면, 악취가 나는 액체를 내뿜을 수 있어요!

오스트레일리아에 사는 메뚜기 샌드그로퍼(Sandgroper)는 다른 방법으로 소리를 내는데, 입을 서로 비벼요!

샌드그로퍼

성냥개비메뚜기는 기다란 몸에 머리끝이 뾰족해서 작은 나뭇가지처럼 보여요.

귀뚜라미

- **아목** : 여치아목
- **종** : 2400종
- **서식지** : 주로 열대 지역에 살아요.

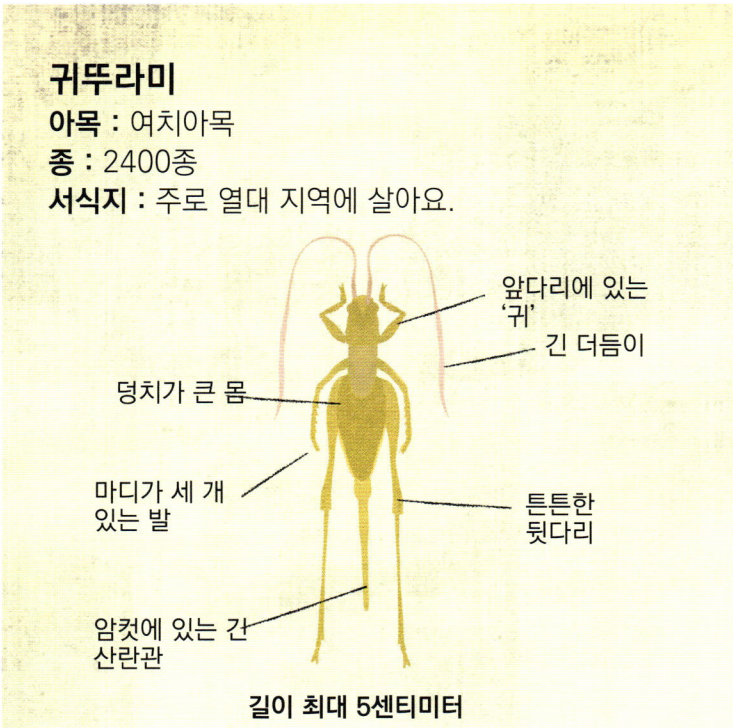

- 앞다리에 있는 '귀'
- 긴 더듬이
- 덩치가 큰 몸
- 마디가 세 개 있는 발
- 튼튼한 뒷다리
- 암컷에 있는 긴 산란관

길이 최대 5센티미터

소음을 일으키는 곤충

귀뚜라미는 메뚜기보다 훨씬 더 시끄러워요. 귀뚜라미는 앞날개를 비벼서 노래를 불러요. 각 날개에는 톱니처럼 생긴 '돌기'와 까칠까칠한 날개맥이 있어서, 서로 문지르면 소리가 나죠. 수컷 귀뚜라미는 종마다 다른 울음소리로 짝을 끌어들이고 다른 수컷에게 접근하지 말라고 경고해요.

땅강아지

이상하게 생긴 이 곤충은 다른 귀뚜라미와 '과(科)'가 달라요. 땅강아지는 두더지처럼 땅굴을 파는 커다란 삽 모양 앞다리가 있어요. 앞다리는 흙을 잘 밀어내려고 부드러운 털로 덮여 있어요. 지하에 숨어 있으면 소리가 잘 들리지 않아요. 그래서 땅강아지는 확성기처럼 울음소리를 높이려고 특별한 모양의 방을 만들어요.

육식하는 곤충

귀뚜라미와 베짱이는 풀을 좋아하지 않고, 다른 곤충 먹는 걸 좋아해요. 게다가 사람을 심하게 물 수도 있어요. 귀뚜라미는 메뚜기보다 몸집이 더 크고, 잘 날아다니지도 않으며 뛰는 것도 별로 좋아하지 않아요! 여치는 나무에 올라가서 계속 숨은 채 몸을 감춰요. 여치의 초록색 몸과 넓은 날개는 나뭇잎처럼 보이죠.

들귀뚜라미

알 낳기

암컷 귀뚜라미나 베짱이의 몸 뒤쪽은 흙 속이나 식물 줄기 안에 알을 잘 낳도록 특별하게 생겼어요. 귀뚜라미와 베짱이는 안전한 장소에 알을 낳으려고 작은 굴을 파서 구멍 안에 산란관을 밀어 넣어요.

땅강아지

가시뿔매부리는 가시 있는 다리로 먹이를 홱 움켜잡아요.

긴꼬리는 연약하고 투명한 날개가 달렸어요. 북미산 긴꼬리는 날씨가 따뜻해지면 더 많이 찌르르 울어서 자연 온도계 역할을 하는 거로 유명해요.

자이언트 웨타

뉴질랜드의 자이언트 웨타는 작은 사과만큼 무게가 많이 나가서 세계에서 가장 무거운 곤충이에요. 너무 커서 빨리 도망칠 수 없다 보니, 자연 포식자가 적은 섬과 산에서만 생존해요. 자이언트 웨타는 공격을 받으면, 뒷다리를 차서 귀에 거슬리는 끽끽 소리를 내는 것밖에는 할 줄 아는 게 없어요!

베짱이

노래처럼 들리는 울음소리

영어를 사용하는 나라에서는 여치를 '베짱이(katydid)'라고도 불러요. 여치 우는 소리가 마치 누군가 '케이티가 했어, 케이티가 하지 않았어(katy did, katy didn't)!'라고 부르는 것처럼 들리거든요. 어떤 여치는 눈부신 뒷날개로 포식자를 놀라게 할 수 있어요.

육식성 여치인 사가 페도(Saga pedo)는 길이가 12센티미터로 유럽에서 가장 큰 곤충이죠.

이렇게 작은 귀뚜라미는 개미둥지에서 손님처럼 살아요!

바퀴벌레와 흰개미와 사마귀

사마귀는 세계에서 가장 아름다운 곤충 중 하나랍니다. 하지만 아름다운 겉모습 속에는 무시무시한 포식자의 모습이 있지요! 사마귀는 바퀴벌레와 흰개미와 아주 가깝지만, 이들 '해충'은 최고의 건축가이자 자식을 잘 돌보는 부모이며, 동굴 왕국에 도움을 주는 재활용 전문가이기도 하죠.

폐기물 처리

바퀴벌레는 건물에 침입하고, 음식을 상하게 하고, 세균을 퍼트려서 평판이 나빠요. 사실 40가지 종류의 바퀴벌레만 사람과 함께 사는 걸 좋아해요. 다른 수천 종의 바퀴벌레는 숲의 바닥처럼 깨끗한 자연 서식지에서 죽은 고기 먹는 걸 더 좋아해요. 펜실베이니아 나무바퀴벌레는 자연에서 가장 어려운 폐기물인 죽은 나무를 먹어서 없애 주죠!

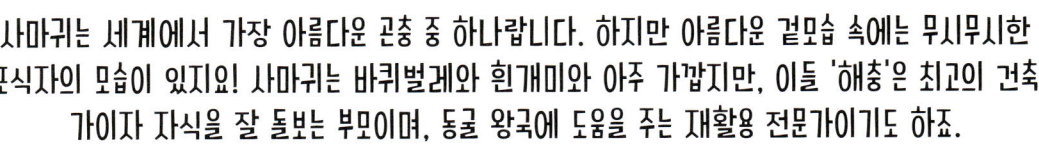

독일 바퀴벌레

마다가스카르휘파람바퀴

쉿!

마다가스카르휘파람바퀴는 몸 옆에 있는 숨구멍으로 공기를 밀어내서 '쉿!' 소리를 내죠. 그런 소리로 포식자를 놀라게 하거나 다른 바퀴벌레에게 다가오지 말라고 경고해요.

거대 바퀴벌레

자이언트땅굴바퀴

알약 바퀴벌레

바퀴벌레 대부분은 최대한 빛을 피해요. 바퀴벌레의 학명 '블라텔라(blattella)'는 '빛을 피하다'란 뜻의 라틴어 '블라타(Blatta)'에서 나온 이름이에요.
하지만 여기 이 이상한 바퀴벌레는 스스로 빛을 내죠! 생물 발광은 포식자를 속여서, 빛을 내는 다른 곤충인 독이 있는 방아벌레라고 착각하게 만들어요.

무장한 어미 바퀴벌레

'알약 바퀴벌레(Pill cockroaches)'는 커다란 쥐며느리처럼 생겼어요! 알약 바퀴벌레는 튼튼한 갑옷을 두르고, 그 속에서 새끼를 잘 돌보죠. 어미는 애벌레를 품고 다녀요. 어미 알약 바퀴벌레는 다리에 있는 특별한 구멍에서 액체를 뽑아서 새끼에게 먹여요.

세계에서 가장 큰 바퀴벌레는 무게가 최대 50그램이고 땅속에서 살면서 떨어진 나뭇잎을 먹어요.

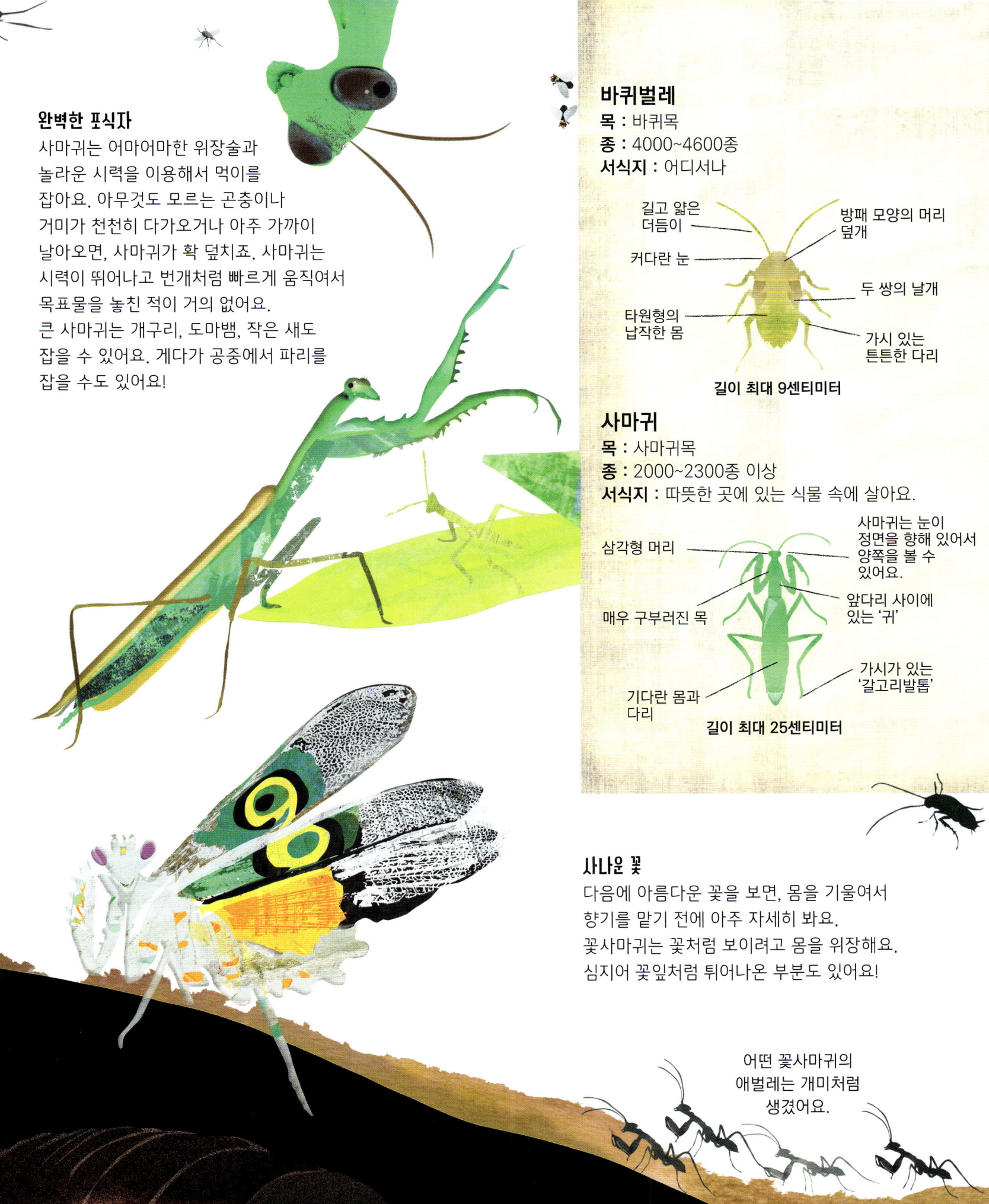

완벽한 포식자

사마귀는 어마어마한 위장술과 놀라운 시력을 이용해서 먹이를 잡아요. 아무것도 모르는 곤충이나 거미가 천천히 다가오거나 아주 가까이 날아오면, 사마귀가 확 덮치죠. 사마귀는 시력이 뛰어나고 번개처럼 빠르게 움직여서 목표물을 놓친 적이 거의 없어요. 큰 사마귀는 개구리, 도마뱀, 작은 새도 잡을 수 있어요. 게다가 공중에서 파리를 잡을 수도 있어요!

바퀴벌레

목 : 바퀴목
종 : 4000~4600종
서식지 : 어디서나

- 길고 얇은 더듬이
- 방패 모양의 머리 덮개
- 커다란 눈
- 두 쌍의 날개
- 타원형의 납작한 몸
- 가시 있는 튼튼한 다리

길이 최대 9센티미터

사마귀

목 : 사마귀목
종 : 2000~2300종 이상
서식지 : 따뜻한 곳에 있는 식물 속에 살아요.

- 삼각형 머리
- 사마귀는 눈이 정면을 향해 있어서 양쪽을 볼 수 있어요.
- 매우 구부러진 목
- 앞다리 사이에 있는 '귀'
- 기다란 몸과 다리
- 가시가 있는 '갈고리발톱'

길이 최대 25센티미터

사나운 꽃

다음에 아름다운 꽃을 보면, 몸을 기울여서 향기를 맡기 전에 아주 자세히 봐요. 꽃사마귀는 꽃처럼 보이려고 몸을 위장해요. 심지어 꽃잎처럼 튀어나온 부분도 있어요!

어떤 꽃사마귀의 애벌레는 개미처럼 생겼어요.

동물 건축가

어떤 흰개미는 놀랍게도 땅에서 몇 미터 높이로 우뚝 솟는 둥지를 만들어요. 흰개미는 흙이나 나무에서 구멍을 파기 시작해요. 씹은 나무나 흙에 흰개미의 침이나 똥을 섞어서 시멘트처럼 만들어요. 그걸 이용해서 땅굴, 음식점, 정원, 놀이방으로 가득한 구조물을 만들지요.
흰개미는 공기구멍을 만들어서 실내를 딱 좋은 상태로 유지하고 여린 몸이 바짝 마르지 않도록 해요. 가장 큰 둥지에는 대도시처럼 수백만 마리의 흰개미가 살아요! 앞이 잘 보이지 않는 쌀알 크기의 곤충에게는 나쁘지 않죠!

흰개미

목 : 흰개미목
종 : 2500~3000종
서식지 : 열대 지역과 아열대 지역

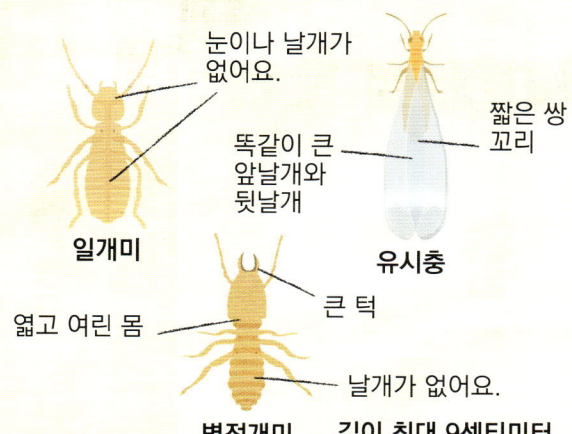

마그네틱 터마이트 마운드
(호주 리치필드 국립공원의 흰개미 집)

건축목수흰개미

- 일개미: 눈이나 날개가 없어요.
- 유시충: 똑같이 큰 앞날개와 뒷날개, 짧은 쌍꼬리
- 병정개미: 얇고 여린 몸, 큰 턱, 날개가 없어요.
- 길이 최대 9센티미터 (여왕개미)

사회적 역할

커다란 둥지 안에서 흰개미가 하는 일은 역할에 따라 저마다 매우 달라요. 여왕개미의 일은 하루에 최대 4만 개의 알을 낳는 거예요. 대부분 애벌레는 알에서 나오면 일개미가 되죠. 일개미는 둥지를 넓히고 돌보면서, 모두가 깨끗하게 지내고 잘 먹도록 도와요. 불과 몇 마리의 애벌레만이 날개 달린 유시충이 되어서 하늘을 날아가 자신만의 둥지를 시작할 수 있어요.

여왕개미는 둥지에 있는 다른 흰개미보다 100배 더 크게 자라요.

환기 통로

굴뚝

둥지

동남아시아흰개미

열대 우림에 있다면, 50만 마리의 흰개미가 줄지어서 행군하는 모습을 찾아봐요. 행진하는 흰개미는 먹이를 찾아서 집에 가져오려고 큰 무리를 지어 둥지를 떠나는 유일한 흰개미랍니다.

폭발하는 병정개미

어떤 흰개미 둥지에서는 특정한 애벌레가 병정개미가 된답니다. 병정개미는 적과 싸우는 일을 해요. 병정흰개미는 커다란 머리와 튼튼한 턱과 같이 둥지를 지키는 특별한 기능이 있어요. 어떤 병정개미는 개미의 침입을 막으려고 길목에 끈적거리거나 독이 있는 액체를 뿌리기도 해요. 찐득찐득한 물질로 적을 덮어 버리려고 자기 몸을 폭발시키는 동남아시아흰개미 병정이 가장 놀라워요.

곰팡이 농부

흰개미가 나무를 분해하려면 미생물의 도움이 필요해요. 어떤 흰개미는 장내에 좋은 미생물이 살고 있지만, 또 다른 흰개미는 둥지 안에 곰팡이 정원을 키워요! 일개미는 죽은 나무를 둥지로 가져와서 곰팡이가 일하도록 그냥 둬요. 그다음에 곰팡이를 개미들에게 먹여요.

대벌레와 가랑잎벌레

다리가 달린 나뭇가지를 본 적이 있나요? 아니면 여러분을 뒤돌아보는 나뭇잎을 본 적 있나요? 대벌레와 가랑잎벌레는 위장을 가장 잘하는 곤충이에요. 이들이 가장 잘 모방하는 건 아주 천-천-히 움직이는 거랍니다. 뻔히 보이는 데에서 잘 숨을 수 있으면, 굳이 달리거나 날아다닐 이유가 있을까요?

위장하기

낮에는 나뭇가지나 나뭇잎처럼 움직이지 않고 가만히 식물에 숨어 있어요. 꼭 걸어야 하면, 대벌레와 가랑잎벌레는 시원한 바람에 나부끼는 줄기처럼 '살랑살랑' 앞뒤로 몸을 흔들면서 걸어요. 새, 도마뱀과 다른 포식자들은 속아 넘어가서 이들이 식물의 일부라고 착각해요. 많은 대벌레는 포식자가 가까이 다가와도 평소처럼 행동해요. 마치 땅에 떨어진 마른 가지처럼 가만히 누워 있어요!

코코넛대벌레는 선명한 색깔의 날개를 휙 펼쳐서 포식자나 경쟁자를 깜짝 놀라게 해요.

걸어 다니는 나뭇잎

가랑잎벌레와 대벌레는 아주 가깝지만, 매우 다르게 생겼어요. 가랑잎벌레는 몸이 넓고 납작해서 나뭇잎처럼 생겼어요. 가랑잎벌레 대부분은 초록색이지만, 어떤 종은 마른 잎이나 갈색 잎 또는 병든 나뭇잎처럼 보여요.

가장 큰 가랑잎벌레는 11센티미터가 조금 넘어요.

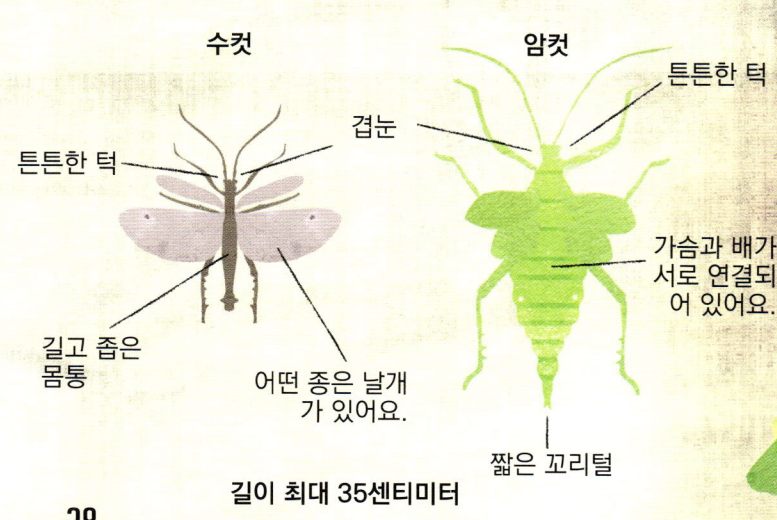

대벌레
목: 대벌레목
종: 약 3000종
서식지: 따뜻한 기후, 특히 열대 우림 지역

수컷 — 튼튼한 턱, 길고 좁은 몸통, 어떤 종은 날개가 있어요.

암컷 — 겹눈, 튼튼한 턱, 가슴과 배가 서로 연결되어 있어요, 짧은 꼬리털

길이 최대 35센티미터

비밀 무기

최고의 위장술이 있어도, 눈이 아니라 소리로 사냥하는 박쥐와 다른 포식자를 속일 수는 없어요. 많은 대벌레는 비밀 무기가 있어요. 어떤 대벌레는 독이 든 역겨운 액체를 적에게 뿌리기도 해요. 북미대벌레가 뿌리는 액체는 동물의 눈을 많이 자극시켜 잠깐 눈앞이 보이지 않게 해요. 어떤 대벌레는 다리에 난 가시로 공격해요. 또 다른 대벌레는 다리를 버리기도 해요!

가장 긴 대벌레와 가장 작은 대벌레

가장 작은 대벌레는 손톱 위에 걸터앉을 수 있어요. 보르네오섬은 야생에서 발견된 가장 긴 대벌레의 서식지랍니다. 엄청나게 큰 암컷 대벌레는 최대 55 센티미터까지 자라죠.

다시 돌아온 로드하우 대벌레

호주의 로드하우섬은 한때 '나무 랍스터'로 알려진 수천 마리의 로드하우 대벌레가 살던 곳이었어요. 1918년에 난파된 배에서 빠져나온 쥐가 섬에 와서 야생 동물을 마구 먹었어요. 몇십 년 동안 로드하우 대벌레는 멸종한 듯했어요. 하지만 최근에 로드하우 대벌레 몇 마리가 다시 발견되었어요. 로드하우 대벌레는 세계에서 가장 희귀한 곤충으로 유명해졌어요.

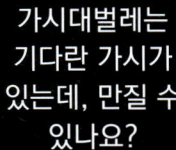

가시대벌레는 기다란 가시가 있는데, 만질 수 있나요?

다윈의 곤충

굉장히 놀라운 알

대벌레는 알까지도 위장해요! 많은 대벌레 종은 식물의 씨앗처럼 생긴 알을 낳아요. 대벌레의 알이 숲 바닥에 떨어지면, 개미가 간식으로 먹으려고 알을 모아서 둥지로 날라요. 대벌레는 포식자와 산불의 위험을 피해서 개미의 보호를 받다가, 서서히 알을 깨고 나와요. 심지어 가시대벌레 애벌레는 더 많은 보호를 받으려고 개미처럼 생겼어요!

어떤 암컷 대벌레는 수컷 대벌레를 만나지 않아도 번식할 수 있어요. 암컷 대벌레가 그냥 알을 낳으면 새로운 암컷으로 자라죠.

딱정벌레

딱정벌레는 지구에서 어떤 동물보다 종류가 많아요. 그렇더라도 모든 딱정벌레는 멋진 갑옷 역할을 하는 '딱지날개' 한 쌍을 모두 가지고 있어요. 코뿔소의 뿔, 기린의 목, 코끼리의 코가 있는 딱정벌레도 있지요. 포식자 딱정벌레, 기생충 딱정벌레, 꽃가루받이 매개자 딱정벌레도 있고요. 심지어 똥이 잔뜩 쌓인 곳에서 맘껏 먹으면서 새끼를 낳고 사는 딱정벌레도 있어요!

자르는 턱
사슴벌레는 길고 뾰족한 턱으로 짝을 찾아요. 수컷 사슴벌레 두 마리가 같은 나뭇가지에서 만나면, 턱으로 경쟁자를 잡아 나무에서 휙 떨어뜨리죠!

딱정벌레
- 목 : 딱정벌레목
- 종 : 30만~40만 종
- 서식지 : 전 세계

- 움켜잡고 자르는 입 부분
- 더듬이
- 크고 연약한 비행 날개(속날개)는 단단한 겉날개 밑에 접혀 있어요.
- 움켜잡기 위한 발톱

길이 최대 16센티미터

골리앗왕꽃무지

딱지날개
딱정벌레의 두껍고 딱딱한 '딱지날개'는 너무 특이해서 전체 무리의 이름은 딱지날개의 이름을 따서 지어졌어요. 딱정벌레는 딱지날개가 있어서 다른 곤충보다 힘이 더 세기 때문에 땅굴을 파고 힘겨루기 시합을 하고 헤엄을 치거나, 밑에 감춘 비행 날개를 다치지 않고 틈새로 비집고 들어갈 수 있어요. 딱정벌레 대부분은 날개를 옆으로 뻗어야 날 수 있어서, 나는 모습이 다른 곤충보다 우아하지는 않아요!

작고도 큰 곤충
딱정벌레에는 가장 작은 곤충도 있고 가장 큰 곤충도 있어요. 깨알벌레는 0.5밀리미터도 채 되지 않아 핀의 머리 부분보다도 작아요. 골리앗왕꽃무지는 크기가 생쥐만 하고 무게가 사과만큼 나가서, 가장 무거운 곤충에 속해요. 놀랍게도 아직 날 수도 있어요!

왕풍뎅이

콜롬비아 깨알벌레

삼엽충딱정벌레

가장 이상하게 생긴 딱정벌레는 동남아시아의 삼엽충딱정벌레랍니다. 삼엽충딱정벌레는 멸종된 바다 생물 중 하나인 삼엽충의 이름을 따서 지어졌어요. 비슷하게 삼엽충도 납작하고 마디로 나뉜 몸이 딱딱한 껍질에 쌓여 있어요. 수년 동안 과학자들은 발견한 삼엽충딱정벌레가 전부 암컷이라서 당황했어요! 수컷은 작고 검은색에 날개가 달린 일반 딱정벌레와 너무나 비슷하게 생겼기 때문이에요.

삼엽충딱정벌레

아주 습한 곳…

어떤 딱정벌레는 물에서 사는 데 적응했어요. 그런 딱정벌레는 헤엄치는 데 쓰는 뻣뻣한 '노'가 다리에 달렸어요. 연못, 호수, 시냇물 위에 있는 물맴이를 잘 보세요. 물맴이는 두 쌍의 눈이 있어요. 한 쌍의 눈으로는 물속 포식자를 보고, 다른 한 쌍으로는 물 위에 있는 죽거나 다친 곤충을 찾고 있어요. 냠냠!

배물방개붙이는 바깥 날개 밑에 공기 방울을 가둬둘 수 있어요. 그래서 물속에서 올챙이와 작은 물고기와 같은 먹잇감을 사냥할 수 있어요.

물맴이

브라질의 타이탄하늘소는 가장 기다란 딱정벌레이며, 연필을 반으로 딱 부러뜨릴 정도로 강한 턱을 가지고 있어요.

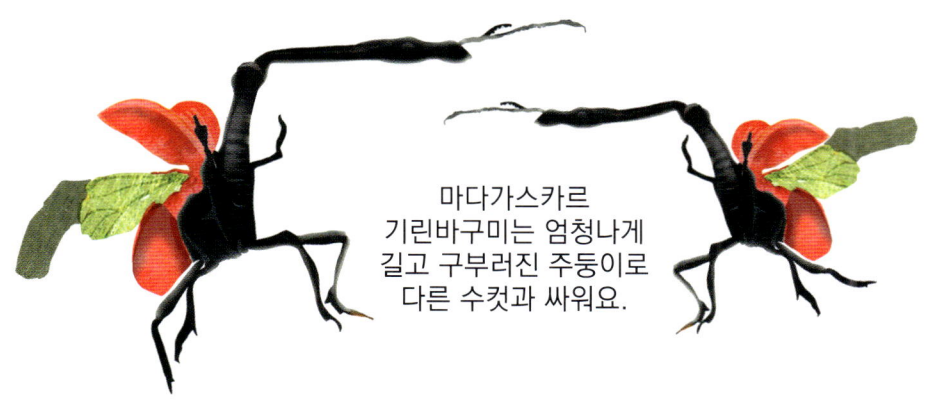

마다가스카르 기린바구미는 엄청나게 길고 구부러진 주둥이로 다른 수컷과 싸워요.

…아주 건조한 곳

건조한 사막에 사는 딱정벌레는 완전히 다른 문제가 있어요. 그곳에서는 연못이나 호수가 없고 비도 거의 내리지 않아요! 사막거저리는 몸을 이용해서 공기 중의 물을 모아요. 울퉁불퉁한 바깥 날개는 안개 속의 수증기를 끌어들이죠. 날개에 모인 물방울이 흘러서 물길을 지나 사막거저리의 입으로 쏙 들어가죠.

거저리

화학 무기

갑옷과 무기로 적의 공격을 다 막지 못하면, 어떤 딱정벌레는 세 번째 방어 수단을 써요. 바로 엉덩이에서 나오는 지독한 화학 물질을 뿌려요! 폭탄먼지벌레는 몸 안의 특별한 곳에서 다른 화학 물질을 결합해서 만든 끓는 액체를 공격자에게 로켓처럼 쓩 발사해요!

폭탄먼지벌레

어떤 딱정벌레는 평범하고 칙칙하며 변장의 달인이에요. 또 다른 딱정벌레는 세계에서 가장 밝고 아름다운 동물에 속해요. 무지개처럼 빛나고, 금속처럼 반짝이고, 어둠 속에서 빛을 내는 딱정벌레를 만나 봐요!

추기경 딱정벌레

비단벌레

비단벌레의 무지갯빛 날개가 눈에 쉽게 띌 것 같지만, 숨는 데 좋을 수도 있어요! 무지갯빛 물체는 보는 각도에 따라서 색깔이 변하는 듯 보여요. 그래서 새와 같은 포식자와 심지어 사람도 헷갈려요!

보석딱정벌레

뒤로 물러서요!

밝은 색깔은 경고 신호가 될 수 있어요. 먹가뢰는 다리 관절에서 독한 액체를 내보내요. 액체에 닿은 동물은 심한 물집이 생길 수 있어요. 그래서 먹가뢰는 '물집 딱정벌레'라고도 해요. 포식자는 밝은 무늬의 날개를 피해야 한다는 걸 알게 되죠. 주로 검은색인 홍날개는 스스로 독을 만들어내지 못해요. 그 대신에 수컷 홍날개가 물집 딱정벌레에 올라타 날개에 있는 독성 화학 물질을 핥아 먹어요! 암컷 홍날개는 수컷이 준 독을 이용해서 알을 보호하죠.

개구리 딱정벌레

무지개잎벌레

가뢰

잎벌레

잎벌레는 비단벌레만큼 아름다워요. 무지개잎벌레는 금속 같은 초록, 파랑, 금색, 빨강 줄이 있어요. 개구리 딱정벌레는 다채롭게 반짝이는 다리와 바깥 날개가 있어요. 개구리 딱정벌레는 숨바꼭질하며 뛸 때는 다리를 쓰지 않지만, 올라가고 싸울 때 써요!

숨바꼭질

롱기마누스앞장다리하늘소의 종명은 앞다리가 긴 이 종의 특징을 따서 이름 지어졌어요. 화려한 무늬는 이끼와 균류로 덮인 나무의 수액을 먹을 때 위장하기에 좋죠. 다른 하늘소처럼 롱기마누스앞장다리하늘소는 주변 세계를 감지하는 아주 긴 더듬이가 있어요.

롱기마누스앞장다리하늘소

반짝이는 딱정벌레

반짝이는 곤충을 발견했다면, 아마도 딱정벌레일 거예요! 헷갈리는 이름에 속지 말아요. 반딧불이나 개똥벌레는 실제로 딱정벌레랍니다! 수컷 반딧불이는 불을 깜박거리며 날아다니면서 짝을 유혹해요. 2천 종의 반딧불이는 무늬가 다 달라요. 불을 이상하게 깜박이면 반딧불이를 잡아먹는 포식자가 싫어할 수도 있어요!

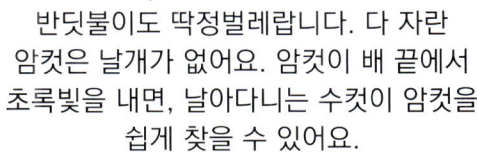

반딧불이도 딱정벌레랍니다. 다 자란 암컷은 날개가 없어요. 암컷이 배 끝에서 초록빛을 내면, 날아다니는 수컷이 암컷을 쉽게 찾을 수 있어요.

방아벌레는 뒤집히면 바깥쪽 날개를 딸칵거리며 높이 솟아올랐다가 다시 똑바로 설 수 있어요. 어떤 방아벌레는 머리나 몸에 있는 점에서 빛이 나와요. 방아벌레의 알조차도 어둠 속에서 빛을 내죠.

세상에서 가장 하얀 곤충

이 풍뎅이는 흰 눈보다도 더 하얘요. 전체적으로 색이 부족하면, 풍뎅이에 기생하는 하얀 곰팡이를 속이기에 좋아요. 과학자들은 하얀 풍뎅이를 연구해서 종이, 페인트, 이빨을 어떻게 하얗게 만들지 배우고 있어요!

방아벌레

변하는 색

공기가 점점 습해지면, 하늘소는 초록빛이 도는 금색에서 붉은빛이 도는 무지갯빛으로 색이 변해요. 겉날개의 특수층이 물을 흡수해서 부풀어 오르면 작은 딱지에서 반사된 빛이 방향을 바꾸기 때문에 색깔이 변해요.

사이프러스딱정벌레

당황스러운 옷

박하남생이잎벌레와 같은 딱정벌레의 애벌레는 뽀족하거나 가시 같은 거로 몸이 뒤덮여 있어요. 그런 애벌레는 각질이나 똥으로 만든 '멋진 옷'을 들고 다니곤 해요.

호주 길앞잡이

길앞잡이

딱정벌레는 평생 땅에서 살고 대부분 전혀 날 수가 없어요. 대신에 빨리 달릴 수 있는 긴 다리가 있어요! 호주 길앞잡이는 최대 시속 9킬로미터의 속도로 달릴 수 있어요(치타 딱정벌레라고 불러야 할지도 모르겠어요)!

잎벌레의 애벌레

이렇게 많은 딱정벌레가 우리와 함께 지구에 살면서 삶을 다양하게 만들어요. 어떤 종은 사람들이 정말 좋아하고, 어떤 종은 해충이라고 생각해요. 딱정벌레가 좋아하는 음식이 무엇인지에 따라 달라져요! 하지만 전체적으로 딱정벌레는 꽃가루받이 매개자이자 포식자이며 재활용 전문가로서 지구에서 중요한 생명체랍니다.

커비코르니스대왕턱하늘소

유칼립투스 하늘소

나무 쓰러뜨리기 선수

하늘소는 수액이나 꽃가루 또는 잎사귀 먹는 걸 좋아하지만, 하늘소 애벌레는 나무를 먹어요. 미국에서는 미루나무 나무좀 애벌레가 뿌리를 야금야금 갉아 먹어서 나무를 쓰러뜨릴 수 있어요. 호주에서는 유칼립투스 하늘소가 가뭄 때 나무에 피해를 주는데, 목재가 여기저기로 옮겨지면 유칼립투스 하늘소가 전 세계로 퍼져나가죠.

나무를 파먹는 딱정벌레

우드보링딱정벌레(wood-boring beetle)는 쇠똥구리보다 인기가 훨씬 없어요. 왜냐하면 인간에게는 똥보다 나무가 더 쓸모가 많거든요! 집과 가구를 갉아 먹어서 구멍을 내는 거로 유명한 '나무좀'은 빗살수염벌레랍니다. 이 벌레의 애벌레는 나무가 무너지기 시작할 때까지 구멍을 내서 파먹어요.

하늘소

미루나무 나무좀

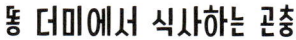

빗살수염벌레

자이언트 쇠똥구리

똥 더미에서 식사하는 곤충

쇠똥구리는 똥을 맛있게 먹는 곤충으로 유명해요. 쇠똥구리가 자신이 먹고 새끼들에게 먹이려고 평생 똥을 모으며 산 덕분에, 세상이 똥 무더기 속에 파묻히지 않았어요! 한 연구에 의하면, 약 1만 6천 마리의 쇠똥구리가 1.5킬로그램의 코끼리 똥을 싹 다 없애는데 겨우 2시간이 걸렸다고 해요. 똥 덩어리 하나의 무게가 쇠똥구리보다 50배나 더 나간다는 사실을 알고 나면 더 놀랍지 않나요?

바구미의 세계

지금까지 과학자들은 6만 종 이상의 다양한 바구미에게 이름을 지어 줬어요. 새로운 바구미는 항상 발견되고 있지요. 바구미 대부분은 한 가지 식물만 잘 먹도록 적응했으며, 만약 사람이 그 식물을 먹으면 심각한 문제가 생길 수 있어요. 바구미는 긴 주둥이 끝에 턱이 있어서 다른 곤충이 접근할 수 없는 먹이를 먹을 수 있어요.

무당벌레의 한살이

무당벌레의 애벌레는 특히 욕심이 많아서 매일 진딧물을 최대 150마리까지 잡아먹을 수 있어요! 애벌레는 형제자매가 알에서 나오기도 전에 먹어 버리는 잔인한 습성도 있어요!

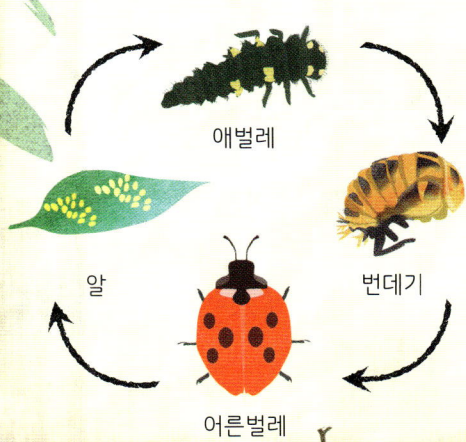

재활용 영웅

갈색거저리 애벌레는 흔히 곡물 속에서 우적우적 씹어 먹는 걸 좋아하기 때문에 해충으로 여겨지고 있어요. 그런데 폴리스티렌도 먹어서 소화할 수 있는 모양이에요! 플라스틱은 보통 자연적으로 분해하는 데 수백 년이 걸리니까, 이런 딱정벌레가 재활용의 영웅이 될 수 있어요.

호주 썩덩나무노린재는 농작물을 먹어 치우는 애벌레를 먹어요.

친구일까? 적일까?

무당벌레를 포함해서 많은 딱정벌레는 포식자예요. 무당벌레는 식물을 먹는 진딧물(11쪽)을 잘 먹어서 정원사와 농부들에게 인기가 많아요. 예전에는 진딧물을 없애려고 전 세계 새로운 지역의 무당벌레를 들여왔어요. 하지만 다른 문제가 생길 수도 있어요. 무당벌레가 진딧물을 다 먹어 치운 뒤에는 토종 곤충을 먹기 시작하거든요.

꽃가루받이 매개자

벌, 나비, 나방이 지구에 나타나기 훨씬 전에는 딱정벌레가 식물의 꽃가루를 옮기느라 바빴어요! 딱정벌레는 꽃을 먹으려고 찾아가서 꽃가루를 다리와 몸에 잔뜩 묻혀서 이쪽저쪽으로 식물에 옮겨 줘요. 꽃에서 강하고 너무 익은 향기가 나면, 딱정벌레가 꽃가루를 옮길 수도 있다는 신호예요! '시체꽃'이라 불리는 아모르포팔루스 티타눔이 가장 유명한데, 꽃에서 고기 썩는 냄새가 나요.

칠성무당벌레

파리

파리는 우리가 집에서 가장 흔히 보고 듣는 곤충이지만, 가장 싫어하는 곤충이기도 해요! 죽은 동물이나 똥을 좋아하는 어떤 파리는 질병을 퍼뜨린다는 악명을 얻었어요. 음식에 앉지 못하게 파리를 쫓아봤겠지만, 이웃처럼 가장 가까운 곤충을 잘 알게 되면, 얼마나 중요한지를 알게 된답니다.

겹눈

눈이 있는 모든 곤충처럼 파리는 수천 개의 낱눈이 모여 이뤄진 겹눈이 있어요. 낱눈 속 수정체는 각각 빛의 초점을 맞추고 색을 감지할 수 있으며, 합치면 주변 모습을 볼 수 있어요. '벽에 달라붙은 파리'는 거의 세상을 360도로 볼 수 있어요.

파리

목 : 파리목
종 : 최대 15만 종
서식지 : 남극을 제외한 모든 대륙

- 큰 눈
- 거센 털로 덮인 몸
- 반투명한 한 쌍의 날개
- 입으로 음식을 빨아 먹거나 흡수해요. 어떤 입은 뚫거나 자를 수도 있어요.

길이 최대 7센티미터

파리는 발에서 끈적끈적한 작은 액체 방울을 만들어요. 어떤 표면에도 올라가서 앉을 수 있고, 거꾸로 있을 수도 있어요.

곤충은 겹눈에 수정체가 많을수록, 더 잘 볼 수 있어요. 하지만 공간을 차지하죠. 큰머리파리는 눈이 머리 전체를 덮고 있어요!

왕파리매는 최대 5센티미터 길이로 자라는데, 새끼손가락만 한 크기까지 커요!

파리매

파리매는 뻣뻣한 털과 먹이를 찌를 것만 같은 날카로운 주둥이가 있어서 위험해 보여요. 하지만 걱정하지 말아요! 사람은 절대로 먹지 않아요! 파리매는 딱정벌레와 나비에서부터 메뚜기와 잠자리까지 곤충을 잡아먹어요. 어떤 파리매는 공중에서 벌을 확 덮치기도 해요! 먹이에 소화액을 넣은 뒤에 곤충을 쭉쭉 빨아 먹어요.

놀라운 치료 효과

파리 알은 애벌레(구더기라고 함)로 부화해서 성체 파리로 자라기까지 전부 3주밖에 걸리지 않아요! 구더기는 흰색에 다리가 없고, 꿈틀거리면서 최대한 많이 먹어요. 구더기는 죽은 동물과 똥을 분해하는 중요한 분해자예요. 구리금파리 구더기는 병원에서 감염된 상처를 깨끗이 닦는 데 가끔 쓰여요. 구더기는 약이나 붕대보다 효과가 더 빠르고, 아주 위험한 세균을 없앨 수도 있어요!

모기

파리의 대가족인 모기는 길고 가느다란 다리와 입이 있어요. 암컷 모기는 그 입으로 동물의 피부를 뚫어서 피를 빨아 먹어요. 이 기생충은 피로 옮기는 특정 질병을 퍼뜨릴 수 있어요. 전 세계 일부 지역에서는 모기가 말라리아와 황열처럼 심각한 질병 등을 퍼뜨려요.

수컷 모기는 절대로 물지 않아요. 수컷은 난초와 같은 꽃에서 꿀을 먹고 꽃가루받이 매개자 역할을 할 수 있어요.

세계의 어떤 지역에서는 먹파리를 '버팔로파리'와 '모래파리'라고도 불러요.

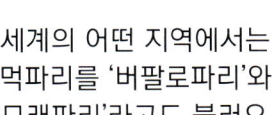

암컷 등에는 눈이 양쪽으로 벌어져 있지만, 수컷의 눈은 가운데에서 만나거나 부드럽게 합쳐져 있어요. 암컷만 물기 때문에 암수를 구별할 줄 알면 좋아요!

등에

등에는 모기처럼 피부를 찌르지도 피를 빨아 먹지도 않아요. 대신에 등에가 입으로 동물의 피부를 자르면, 피가 조금 고여서 피부 표면까지 부어올라요. 등에는 하루에 소 한 마리의 피를 커피잔만큼이나 마실 수 있어요. 등에한테 사람이 물리면 엄청 아파요.

검정파리

크고 털이 많은 검정파리는 금속처럼 빛나서 청파리와 금파리란 별명이 있어요. 대부분의 동물계와는 달리 검정파리는 똥과 죽은 동물을 엄청 좋아해서 그걸 먹고 거기다 알도 낳아요. 겨울철에는 쉴 곳과 따듯함을 찾아서 우리가 사는 집에 있는 걸 더 좋아하고, 음식에다 알을 낳아요.

방금 만난 파리는 구역질 나는 저녁을 먹는 거로 알려졌지만, 파리라고 해서 전부 다 곤충을 잡아먹는 포식자이거나 피를 빨아 먹는 기생충은 아니에요. 파리 대부분은 식물이나 썩은 물질을 먹어서 지구 생태계에서 중요한 역할을 하고 있어요. 파리가 없으면, 우리는 썩은 과일과 똥 속에 깊숙이 빠져 버렸을 거예요!

깔따구와 모기류

작은 파리떼가 해 질 무렵과 새벽에 허공에서 춤을 추는 모습을 자주 볼 수 있어요. 이들은 모기처럼 물지 않지만, 지저분한 장소에서 자라나기 때문에 알레르기를 일으킬 수 있어요. 그러나 깔따구는 매우 중요한 일을 해요. 수컷 깔따구는 피가 아니라 꽃꿀을 먹고, 초콜릿의 원료인 카카오나무 등 식물의 꽃가루를 옮겨 주는 중요한 역할을 하고 있어요!

혹파리

이런 작은 혹파리는 식물을 속여서 구더기 주변에 작은 피난처가 자라게 해요! 그렇게 자라는 것을 '벌레혹'이라고 해요. 혹파리가 식물에 피해를 줄 수 있지만, 많은 혹파리 종은 피해를 주는 대신에 진딧물과 진드기처럼 다른 해충을 갉아 먹어 줘요.

어둠 속에서 빛나는 구더기

뉴질랜드의 어느 동굴 안과 브라질의 어떤 통나무 밑을 들여다보면, 파란빛으로 빛나는 아주 작은 점이 보일 거예요. 바로 반짝이는 버섯파리 구더기가 만드는 빛이에요!

재니등에

이 통통하고 털이 많은 파리는 뒤영벌을 흉내 내요. 그러면 벌집에 가까이 다가가서 알을 낳을 수 있어요. 또한 포식자의 접근을 막아서 안전하게 꽃 앞에서 맴돌다가 꿀을 빨아 먹을 수도 있지요. 재니등에는 실제로 침을 쏘지 못하니까 똑똑한 속임수죠. 벌과 재니등에는 소리를 잘 들어서도 구별할 수 있어요. 재니등에의 날개에서는 윙윙 소리가 아니라 징징 소리가 나거든요.

과실파리

과실파리는 작고 여리며, 눈이 밝고 예쁜 무늬가 있는 날개가 달렸어요. 이들은 알을 낳으려고 과일을 찾아다녀요. 과실파리의 몸 끝에 있는 뾰족한 부분은 꼬리가 아니라 산란관이에요. 산란관은 암컷이 과일 속에 알을 깊숙이 낳도록 도와줘요. 이 때문에 과실파리는 농작물에 피해를 줄 수 있어요. 하지만 어떤 과실파리는 농부들이 잡초를 없애려고 천연 무기로 사용하기도 해요!

과실파리는 작은 날개를 1초에 200번 이상 퍼덕거려요!

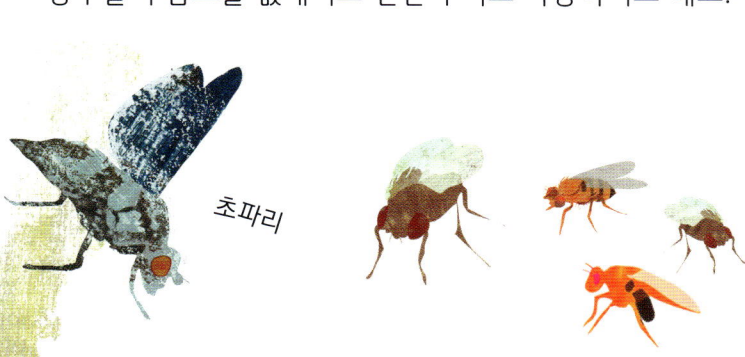

초파리

초파리

과실파리는 썩은 과일을 너무 좋아해서 초파리라고도 불러요. 초파리는 먹지 않는 과일을 분해하는 중요한 분해자랍니다. 놀랍게도 인간과 초파리 유전자 사이의 비슷한 점 덕분에 초파리는 과학에서 중요한 역할을 해요!

각다귀

다리가 긴 각다귀는 알아보기가 쉬워요. 특히 밤에 환하게 불이 켜진 집에 들어가는 걸 좋아해서 쉽게 알아볼 수 있어요. 각다귀는 다리와 날개와 몸이 길어서 커 보이지만, 해롭지 않아요. 대부분은 풀 속에 살고, 물기는커녕 먹는 입도 없어요!

대눈파리

대눈파리는 오스트랄라시아의 열대 지역에 살아요. 대눈파리는 사슴뿔처럼 머리 양쪽에 튀어나온 기다란 자루에 눈이 달렸어요. 수컷은 다른 수컷과 영역을 두고 싸울 때 눈자루를 이용해요! 하지만 전투 대부분은 싸우지 않아도 이겨요. 눈자루가 더 짧은 수컷이 물러나서 영역을 떠나거든요.

성충 각다귀는 위협을 느끼면 약하고 긴 다리를 끊고 도망쳐요.

벼룩과 부채벌레와 밑들이

벼룩과 부채벌레는 살아 있는 동물에 기생하는 기생충이며, 기회만 되면 간식도 훔쳐 먹을 수 있어! 밑들이는 이들보다 덜 위험하지만 훨씬 더 역겨운 음식을 먹어요. 밑들이가 죽은 곤충과 곰팡이와 심지어 새 똥을 씹어 먹는 모습을 볼 수 있지요. 에구구, 입맛을 잃어버렸나요?

피를 빨아 먹는 곤충

벼룩은 딱 한 가지 음식, 신선한 피만 좋아해요! 벼룩은 완벽하게 적응한 기생충이라서 작은 몸으로 방해되는 날개 없이 털과 깃털 사이로 쉽게 쏙 들어가요. 하지만 벼룩은 동물이 털어서 떨구거나 긁어서 떼어내려고 하면, 뻣뻣한 몸을 있던 자리에 딱 붙여요.

휙휙 달려드는 벼룩

성충 벼룩은 피를 빨아 먹고 싶을 때만 숙주에게 달려들어요. 벼룩(알과 애벌레도)은 숙주의 침대나 둥지, 굴에서 많이 발견되죠. 벼룩의 애벌레는 피를 마시지 않지만, 숙주의 각질과 다른 찌꺼기를 찾아서 마구 먹어 치워요.

사람을 숙주로 삼는 벼룩

벼룩 대부분은 누구를 물든 별로 까다롭지 않아서 만족스럽게 사람 피를 먹어요. 벼룩은 질병을 일으키는 미생물을 동물에게서 사람한테 퍼뜨릴 수 있어요. 그중에는 가래톳 페스트를 일으키는 세균도 있어요. 벼룩과 벼룩의 숙주인 쥐는 중세 시대에 전체 유럽인의 4분의 1이 죽은 흑사병을 일으켰어요.

타고난 멀리뛰기 선수

벼룩은 날지 못해서 이쪽에서 저쪽으로 가려면 펄쩍 뛰어야 해요. 벼룩은 레실린이란 탄성 단백질 덕분에 자기 몸길이보다 100배나 더 멀리 뛸 수 있어요!

숨어 있는 애벌레

벌을 조심해요! 꽃 속에 기생충이 숨어 있으면 너무 역겨워 보이지만, 벌이 있으면 벼룩이 친근해 보여요. 어린 부채벌레는 벌처럼 더 큰 곤충이 좋아하는 곳에 자리를 잡아요. 부채벌레는 벌을 얻어 타고 벌집으로 들어가서 벌의 애벌레에 침입해요. 부채벌레는 애벌레를 잡아먹지 않는 대신에, 애벌레가 자라서 벌이 될 때까지 그 안에서 살아요!

벌 속에서 평생 살기

수컷 부채벌레는 마침내 벌에서 기어 나와 날아가지만, 암컷은 평생 숙주 안에서 살아요. 암컷 부채벌레는 다리도 없고 날개도 없어요. 몸의 대부분이 숙주 속에 숨겨져 있어도, 머리만 쏙 나와 있어요! 암컷은 냄새나는 화학 물질을 내뿜어서 어디에 있는지 수컷 부채벌레에게 알려요.

이상한 곤충

밑들이(scorpion fly)는 전갈(scorpion)도 아니고 파리(fly)도 아니에요! 과학자들은 아직도 밑들이가 곤충 가계도에서 어디에 속하는지 잘 모르지만, 어떤 밑들이는 벼룩과 아주 가까운 것 같아요. 무서워 보이는 수컷 밑들이의 꼬리는 실제로 쏘는 침이 아니라 짝짓기에 필요한 부분이에요.

눈벼룩

이 밑들이는 '눈벼룩'이라고 해요. 벼룩처럼 눈벼룩은 날지 못하는 대신에 주위로 펄쩍 뛰어요. 이끼와 눈 위에서 곰팡이와 같은 미생물을 마구 먹는 눈벼룩을 볼 수 있어요.

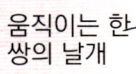

벼룩

목: 벼룩목
종: 2600종
서식지: 전 세계에서 포유류나 조류에 기생하거나 근처에 살아요.

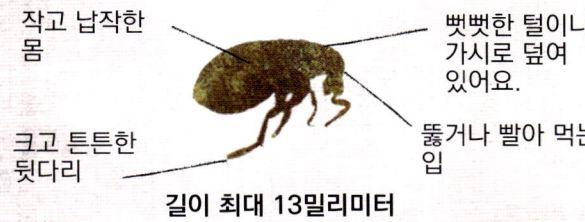

- 작고 납작한 몸
- 뻣뻣한 털이나 가시로 덮여 있어요.
- 크고 튼튼한 뒷다리
- 뚫거나 빨아 먹는 입

길이 최대 13밀리미터

부채벌레

목: 부채벌레목
종: 약 600종
서식지: 전 세계

- 평균곤은 날 때 균형을 잡아 줘요.
- 움직이는 한 쌍의 날개

길이 최대 7밀리미터의 날개

밑들이

목: 밑들이목
종: 약 550종
서식지: 정원, 산울타리, 숲속의 축축한 낙엽 속에 살아요.

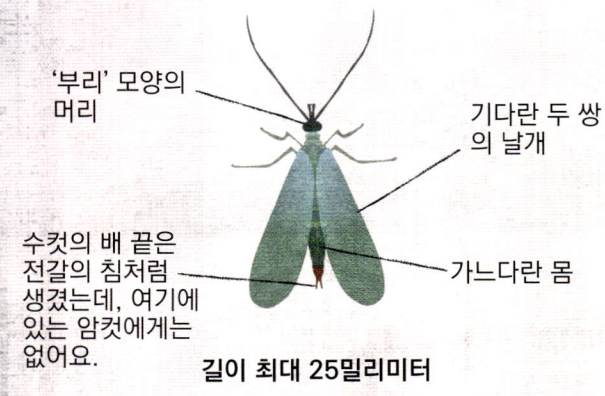

- '부리' 모양의 머리
- 기다란 두 쌍의 날개
- 수컷의 배 끝은 전갈의 침처럼 생겼는데, 여기에 있는 암컷에게는 없어요.
- 가느다란 몸

길이 최대 25밀리미터

나비와 나방

모든 사람이 나비와 나방을 잘 알고 있어요, 그렇죠? 나방이 나비보다 9배나 더 많다는 사실을 알고 있나요? 아니면 전 세계의 비단은 열심히 일하는 한 종류의 나방 애벌레가 만든다는 건 알고 있나요?

비늘가루

지붕 위 기왓장처럼 밑부분이 조금씩 겹쳐져 있는 나비의 비늘가루는 저마다 색깔이 따로 있어요. 이미지를 구성하는 최소 단위의 점, 픽셀처럼 비늘가루가 합쳐지면 하나의 그림이 되죠. 밝은 색깔과 무늬는 하는 일이 달라요. 공작나비와 같은 나비는 포식자를 놀라게 하는 날개가 있어요. 또한 나비는 무늬 덕분에 서로 같은 종인지 알아볼 수 있어요.

나비와 나방

목 : 나비목
종 : 나비 2만 종, 나방 18만 종
서식지 : 거의 모든 곳에 살지만, 특히 열대 지역에 살아요.

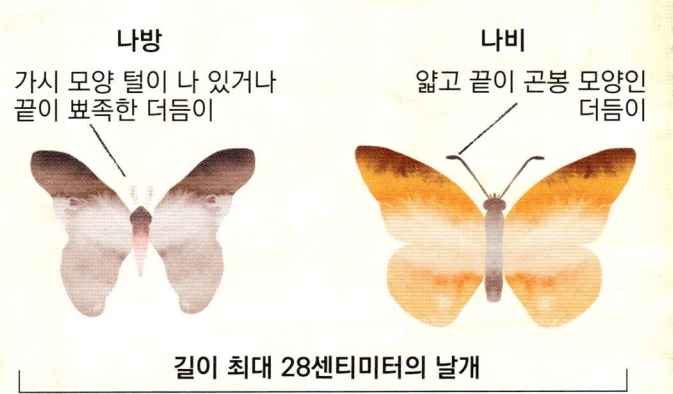

나방 — 가시 모양 털이 나 있거나 끝이 뾰족한 더듬이

나비 — 얇고 끝이 곤봉 모양인 더듬이

길이 최대 28센티미터의 날개

몸과 다리는 날개뿐만 아니라 비늘가루(인분)로 덮여 있기도 해요.

두 쌍의 큰 날개

가늘고 긴 빨대 주둥이를 가지고 있어요.

그레타 오토(유리 날개 나비)의 날개 부분은 비늘가루가 없어서 투명해요.

나풀거리는 날개

대부분 성체 나비는 꽃에서 딴 꿀만 먹어요. 나비는 필요한 만큼 꽃을 찾아가려고 공중에서 시간 대부분을 보내죠. 나풀거리는 날개가 둔해 보이지만, 포식자는 날개 때문에 나비가 어떤 방향으로 날지 예측하기가 어려워요! 낮에는 밝은 색깔이 눈에 띄기 쉬워서, 날개를 몸 위로 포개놓고 쉬어요(어떤 나비의 날개는 찍찍이처럼 맞물린 털로 붙어 있어요!).

나비의 날개는 위장하려고 아랫부분이 둔해졌어요.

작은멋쟁이나비

제왕나비

장거리 이동

어떤 나비는 놀랍게도 먼 거리를 이동해요. 작은멋쟁이나비는 북아프리카 지역에서 알을 낳고서 약 3천 킬로미터를 날아서 북극권까지 갈 수 있어요. 제왕나비는 크게 떼를 지어서 멕시코에서부터 캐나다까지 훨씬 더 멀리 이동해요. 하지만 나비는 혼자서 여행을 끝까지 하지 않아요. 마치 릴레이 경주처럼 하죠! 나비는 수백 킬로미터를 날아간 뒤에 알을 낳으려고 멈춰요. 그러면 다음 세대 나비가 여행을 계속하죠.

퀸 알렉산드라 비단제비나비는 세계에서 가장 큰 나비예요.

영리한 애벌레

나비 대부분은 식물 위에 알을 낳아서, 가장 좋아하는 음식 바로 위에서 애벌레가 부화하죠. 한 가지 문제는 저녁밥이 되지 않도록 피하는 거예요! 어떤 애벌레는 털이나 가시로 덮여 있거나 포식자에게 겁을 주려고 밝은 경계색이 있어요. 호랑나비 애벌레는 다른 속임수를 써요. 포식자에게 먹히지 않으려고 새똥처럼 보이거나 고약한 냄새를 풍기죠!

옷을 갈아입는 나비

애벌레는 실컷 먹은 다음에 번데기가 되어요. 이것은 아주 좋은 위장이 되죠. 번데기 안에서 애벌레는 어른벌레의 모습으로 완전히 바뀌게 되죠. 그러려면 며칠 또는 몇 년이 걸려요.

호랑나비

아주 멋진 나방

많은 나방은 야행성이라 밤에 날아다니면서 먹이를 먹어요. 그런 이유로 많은 나방이 낮에 쉬는 나무의 껍질을 닮아 눈에 잘 띄지 않는 무늬가 있는 둔한 날개가 달려 있지요. 하지만 나방도 밝고 아름다울 수 있어요.

돌돌 감기는 입

나방과 나비는 꽃가루나 잎사귀를 씹어 먹을 수 없어요. 위턱은 거의 사라졌지만, 아래턱이 길고 얇은 관으로 되었는데, 벼룩이 뛸 때 쓰는 것과 같은 탄력 단백질로 만들어졌어요. 나방이 쉴 때는 관이 천연 지퍼처럼 잔털로 묶여 단단히 감겨 있어요. 나방이 먹고 싶을 때 주둥이를 열면 마시는 빨대가 되죠. 식사를 마친 뒤에 나방이 근육을 풀면 혓바닥이 다시 돌돌 감겨요.

협죽도 흐크 나방

크산토판박각시나방은 주둥이가 가장 길어요.

제왕나방

놀라운 더듬이

수컷 나방은 가시 모양 털이 달린 커다란 더듬이로 냄새를 엄청 잘 맡아요. 그래서 제왕나방은 11킬로미터 이상 떨어진 곳에서 암컷 나방의 냄새를 맡을 수 있어요. 그러면 제대로 날아가서 암컷을 찾을 수 있죠!

엄청난 소리

나방과 나비는 보기보다 조용하지 않아요. 적을 겁주려고 쉭쉭 소리를 내는 나비도 있고, 날 때 탁탁 소리를 내는 나비도 있어요. 어떤 나방은 박쥐와 똑같이 아주 높은 소리를 내기도 해요. 그러면 나방 먹는 걸 좋아하는 박쥐를 방해할 수도 있어요. 박쥐의 레이더를 뒤죽박죽으로 만들어 버리거든요!

빛깔 고운 거인

우리가 집 안팎에서 보는 나방 대부분은 쌀알만큼 크기가 아주 작아요. 가장 작은 나방은 날개 끝에서 끝까지가 겨우 2밀리미터밖에 되지 않아요. 하지만 열대 우림 지역에서는 새만큼 크고 밝은 색깔의 나방을 볼 수 있어요.

미국 옥색긴꼬리산누에나방은 일주일밖에 살지 않고 먹지도 않아요. 게다가 입도 없어요! 애벌레 때 먹은 음식으로 충분한 에너지를 얻어서 짝을 찾아요.

정원미소나방

힘마녀나방

엄청나게 먹는 애벌레

많은 사람이 다 자란 나비와 나방 보는 건 좋아하지만, 애벌레는 항상 환영받지 못해요. 어떤 애벌레는 농작물을 갉아 먹어서 피해를 주거나 곡식부터 옷에 이르기까지 사람이 쌓아놓은 물건을 죄다 파먹거든요. 가장 많이 먹는 애벌레는 폴리페무스나방의 애벌레인데, 태어났을 때 무게보다 8만 6천 배나 되는 나뭇잎을 먹어 치울 수 있어요.

밤나방은 주둥이가 엄청나게 튼튼해서 피부를 긁고 피를 빨아 먹을 수 있어요.

털북숭이 가시

이사벨라불나방 애벌레는 털이 너무 많아서 '털곰'으로 불려요. 하지만 보기와는 달리 쓰다듬을 수는 없어요. 애벌레는 독거미 타란툴라의 털처럼 날카로운 가시가 있어서 피부를 뚫고 들어가면 아프고 가려워요.

비단 짜는 애벌레

나방의 애벌레는 어른벌레로 변할 때 자신을 보호하려고 고치를 만들어요. 어떤 애벌레는 다른 이유로도 비단실을 이용해요. 예를 들어, 천막벌레나방의 애벌레는 식사 중간에 숨으려고 나무에 비단 텐트를 만들어요! 사람들은 누에나방의 애벌레가 만든 고치에서 비단실을 뽑아 옷과 다른 물건을 만드는 데 써요.

날도래, 좀뱀잠자리, 풀잠자리, 약대벌레

날개맥이 십자 모양으로 얽힌 연약한 날개로 날아다니는 곤충은 서로 비슷해서 헷갈릴 수 있어요. 이들 곤충은 가까운 친척이지만, 물속과 물가에서 아주 다르게 살고 있어요. 애벌레의 삶은 아직도 낯설어요. 이들이 비단실을 짜고, 그물을 엮고, 갑옷을 만드는 모습을 볼 수 있어요!

날도래
- 목 : 날도래목
- 종 : 7000종
- 서식지 : 깨끗한 물속과 근처

반투명 날개
날개맥이 있는 두 쌍의 날개
털이 많은 몸과 날개

길이 최대 40밀리미터의 날개

갑옷을 만드는 애벌레
날도래 애벌레는 최고의 곤충 엔지니어랍니다. 애벌레는 굶주린 물고기로부터 자신을 보호하려고 모래, 작은 돌조각, 풀 또는 물에서 발견한 여러 물건으로 대롱처럼 생긴 갑옷을 만들어요. 모든 재료는 튼튼한 비단실로 다 붙이지요.

애벌레가 마지막으로 탈피할 때쯤이면 갑옷은 이미 고치로 만들어졌어요!

말벌의 공격
그런 작전이 완벽하지는 않아요. 날도래의 대롱을 찾아서 그 안에 알을 낳는 두 종류의 기생 말벌이 있거든요. 어린 말벌 애벌레가 알에서 나오면, 이미 밥이 차려져 있는 거죠.

눈송이 날도래

큰날도래

나방의 친척
다 자란 날도래는 어두워질 때 가장 활발해져요. 날도래가 불빛에 달려들어서 종종 나방으로 오해를 받아요. 나비와 나방과는 조상이 같은 믵들이라서 아주 가까워요.

그물 짜는 애벌레
날도래 애벌레는 엔지니어 기술을 보호하는 데만 쓰지 않아요. 어떤 애벌레는 마른 잎이나 죽은 곤충을 낚으려고 개울에 비단실로 그물을 엮어요. 비단실로 강가 바위를 묶으면, 갖가지 다른 생물에게도 안정된 집을 마련해 주죠.

이렇게 크고 멋진 뱀잠자리는 아메리카 대륙에 살고 있어요. 수컷 뱀잠자리는 큰 턱이 있어요.

물가 생활

좀뱀잠자리는 날개가 네 개나 있어도 잘 날지 못해요. 연못 근처와 시냇가에 앉아 있는 좀뱀잠자리를 더 많이 볼 수 있어요. 좀뱀잠자리는 바위와 식물 위에 알을 낳아서, 애벌레가 알에서 나오면 물에 뚝 떨어지죠. 좀뱀잠자리 애벌레는 아가미가 있어서 어른벌레로 자랄 때까지 물속에서 살 수 있어요.

약대벌레

약대벌레는 먹잇감을 공격하려고 아주 빠르게 머리를 움직일 수 있어요. 마치 뱀처럼 쉭쉭 말이에요! 애벌레도 육식을 해요.

비단 짜는 곤충

풀잠자리는 비단실을 만들 수 있는 유일한 성체 곤충에 속해요. 풀잠자리는 가느다란 비단실 끝에 알을 낳아요. 그러면 굶주린 개미와 다른 곤충이 알을 못 찾아요.

박쥐 탐지기

풀잠자리는 박쥐가 내는 초음파를 듣는 특별한 '귀'가 있어요. 그러면 잘 보이지 않게 숨어서 점심거리가 되지 않게 피할 수 있어요.

풀잠자리 애벌레는 몸을 감추려고 다 빨아 먹은 먹이를 등에 쌓는 고약한 버릇이 있어요.

눈에 띄는 어른벌레와 잘 보이지 않는 애벌레

뿔잠자리는 엄청나게 큰 평균곤이 있으며 크고 밝은 편이에요. 하지만 뿔잠자리 애벌레는 부모와 전혀 닮지 않았어요. 애벌레는 주위 환경과 완벽하게 섞여서 눈에 띄지 않게 먹잇감에 몰래 다가가는 포식자죠.

사마귀붙이

말벌인가요? 풀잠자리인가요? 아니면 사마귀인가요? 사마귀붙이는 다른 곤충이 섞인 것처럼 생겨서 실제로 보지 않으면 아무리 설명해도 알 수가 없어요!

명주잠자리

명주잠자리 애벌레는 작은 모래 구덩이 바닥에서 지나가는 개미에게 모래를 던지면서 지내요. 개미가 구덩이에 빠지면, 애벌레가 개미를 쏙 빨아 먹고서 다시 휙 내던져요!

좀뱀잠자리, 뱀잠자리, 얼룩뱀잠자리

목 : 뱀잠자리목
종 : 300종
서식지 : 전 세계의 시원하고 깨끗한 물 근처

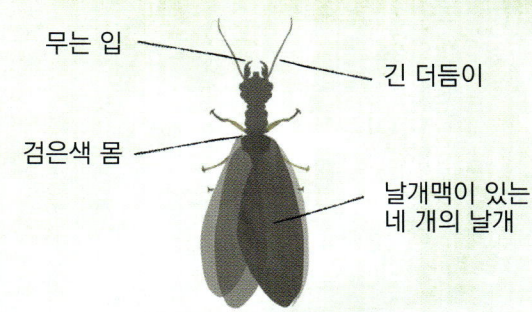

길이 최대 21센티미터의 날개

풀잠자리, 사마귀붙이, 뿔잠자리, 명주잠자리

목 : 풀잠자리목
종 : 5000종
서식지 : 숲, 정원, 기타 서식지

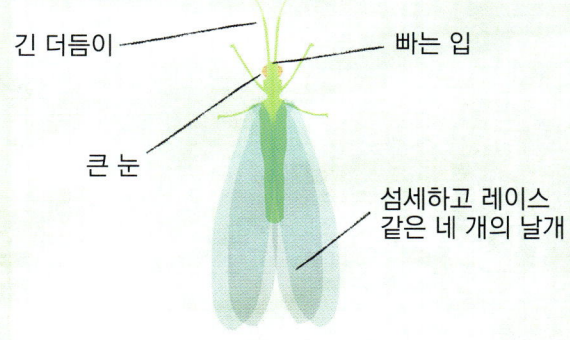

길이 최대 15센티미터의 날개

약대벌레

목 : 약대벌레목
종 : 225종
서식지 : 나무 속

길이 약 15밀리미터

말벌과 꿀벌과 개미

우리는 소풍을 가면 말벌, 벌, 개미를 자주 보니까 잘 안다고 생각해요. 하지만 이 어마어마한 무리에는 아직 만나지 못한 수십만 종이 있어요. 그중에는 중요한 꽃가루받이 매개자, 짜증 나는 해충, 너무 놀라울 정도로 복잡한 한살이 과정을 가진 기생충도 있어요.

날개 달린 전사

말벌은 거대한 둥지를 짓는 것과 너무 가까이 다가오는 사람을 쏘는 것, 이 두 가지로 유명해요. 하지만 3만 가지 말벌 중에서 몇 종류만이 이런 습성이 있어요. 말벌 대부분은 혼자 살거나 작은 무리에서 함께 살며 침을 쏘지 않아요.

사냥하는 말벌

혼자서 사냥하는 말벌은 먹이를 잡으려고 침을 사용해요. 위에 있는 호리병벌은 애벌레를 잡으려고 독침을 쭉 늘어놓아요. 독침으로 애벌레를 마비시키면, 말벌이 원하는 장소인 진흙으로 직접 만든 작은 '병'으로 애벌레를 끌어넣기가 쉬워져요. 말벌은 병에 알을 하나씩 낳아요. 움직이지 않는 먹이는 말벌의 애벌레가 자라면서 먹을 신선한 고기가 되는 거죠.

대모벌

기생 말벌은 한술 더 떠서, 먹이 위나 안에다 알을 낳아요. 애벌레가 알에서 나오면, 안쪽에서부터 살아 있는 동물을 우적우적 파먹어요! 다 자란 기생 말벌은 꿀처럼 달콤한 먹이를 더 좋아해요. 타란툴라 호크는 어른 새끼손가락만큼 길고, 날개폭이 11센티미터가 넘어요. 이 정도로 크면 타란툴라 거미도 공격할 수 있어요!

말벌, 꿀벌, 개미
목 : 벌목
종 : 28만 종
서식지 : 거의 모든 곳

길이 최대 6센티미터

두 쌍의 날개 | 씹는 입 | 쉽게 움직이는 머리 | 잘록한 '허리'

50

좀비 무당벌레
이상하게 행동하는 무당벌레를 본 적이 있다면, 기생 말벌에게 희생된 무당벌레였을지도 몰라요. 기생 말벌의 애벌레는 무당벌레 몸을 조금씩 갉아 먹으면서 그 안에서 번데기를 만들어요! 다 자란 기생 말벌은 알을 낳는 동시에 무당벌레의 뇌를 감염시키는 바이러스를 퍼뜨려요. 무당벌레는 바이러스 때문에 가만히 있다가 포식자가 너무 가까이 올 때만 움찔거려요.

잎벌과 송곳벌
- **아목** : 잎벌아목
- **종** : 1만 종
- **서식지** : 거의 모든 곳

- 네 개의 날개
- 산란관에는 톱처럼 생긴 이빨이 있어 식물을 자르고 알을 낳아요.

길이 최대 2센티미터

수중다리잎벌 애벌레는 잎사귀를 우적우적 씹어 먹으면서 갈지자 모양을 남겨요.

송곳벌레살이납작맵시벌의 긴 '꼬리'는 나무에 구멍을 뚫고 송곳벌과 같은 다른 기생충의 애벌레 안에 알을 낳는 산란관이에요.

무리 지어 사는 말벌
종이로 만들어진 듯한 커다란 둥지를 보면 피해요! 여러 마리가 함께 무리 지어서 사는 군거 말벌의 둥지거든요. 일벌은 나무껍질 같은 목재 성분을 갉아 침과 섞어 여왕벌을 위해 집을 지어요. 마치 종이를 붙여서 엄청나게 크게 만든 작품 같아요! 둥지 안에는 자라는 애벌레가 잘 클 수 있는 수백 개의 작은 방이나 '칸'이 있어요.

거대한 장수말벌
장수말벌은 가장 큰 말벌이랍니다. 그중에서 가장 큰 장수말벌은 아시아 전역에 사는 '아시아 거대 말벌'이죠. 벌침의 길이만도 0.5센티미터가 넘어요. 게다가 벌침에는 매년 수십 명의 사람을 죽이는 위험한 독이 들어 있어요. 하지만 장수말벌은 작은 사촌인 꿀벌보다 덜 쏘는 편이에요. 장수말벌은 꿀벌의 둥지를 습격해서 무시무시한 턱으로 머리를 베어서 꿀벌을 먹어요.

쌍살벌은 얼굴 무늬로 서로 구별할 수 있어요.

바쁜 꿀벌

꿀벌을 좋아하는 데에는 수많은 이유가 있어요. 꿀벌은 자신을 방어할 때만 벌침을 쏘고, 말벌과는 달리 대개 침을 쏜 다음에 죽어요. 꿀벌 대부분은 꿀과 꽃가루만 먹고, 게다가 그걸로 맛있는 꿀도 만들죠. 모든 꿀벌은 꽃이 피는 식물의 꽃가루받이를 도와 지구에 사는 생명체를 유지해 줘요. 우리가 먹는 많은 농작물의 꽃가루도 옮겨 주죠!

꽃에서 먹이 찾기

꿀벌은 종류가 2만 가지 이상이지만, 전부 다 꽃이 있는 곳에 살아요. 꿀벌은 이 꽃에서 저 꽃으로 날아다니면서 기다란 주둥이로 꿀을 빨아 먹고, 종종 꽃가루를 모아서 둥지에 가져가기도 해요.

'월리스 거인 꿀벌'은 세계에서 가장 큰 꿀벌이에요. 월리스 거인 꿀벌은 흰개미 무리 속에 둥지를 만들어요. 흰개미가 가까이 오지 못하게 하려고 끈적끈적한 나무 송진으로 벽을 세우죠.

자이언트어리호박벌

나뭇잎을 자르는 벌

북아메리카 꿀벌은 나뭇잎을 모양내 잘라서 조립식 가구처럼 사용하느라 바빠요! 둥지로 가져간 돌돌 만 나뭇잎은 구멍과 알을 낳으려고 이미 만든 칸에 밀어 넣어요.

무리 지어 살지 않는 꿀벌

어떤 벌은 혼자 살거나 몇 마리와 함께 살아요. 암컷 벌은 혼자서 둥지를 만들어서 알을 낳고 애벌레에게 먹일 음식을 모아요. 수컷 벌은 사는 곳이 따로 없어요. 수컷 벌이 나무줄기에서 졸거나 꽃 속에서 낮잠 자는 모습을 볼 수 있어요!

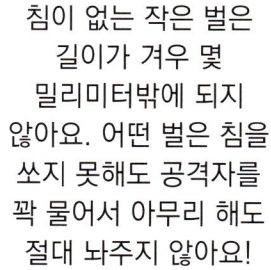

침이 없는 작은 벌은 길이가 겨우 몇 밀리미터밖에 되지 않아요. 어떤 벌은 침을 쏘지 못해도 공격자를 꽉 물어서 아무리 해도 절대 놔주지 않아요!

무리 지어 사는 꿀벌

어떤 벌은 꿀과 꽃가루를 모아서 꿀 만드는 일을 일 년 내내 계속해요. 꿀벌은 큰 둥지를 만들 빈 곳을 찾아서 최대 5만 마리까지 함께 모여 살아요. 꿀벌은 배에 있는 특별한 분비샘으로 만든 밀랍으로 벌집을 지어요. 사람들은 이런 밀랍을 채취해서 화장품과 초 만드는 데에 써요.

집단

꿀벌 집단은 모든 벌에게 정해진 일거리가 있는 거대한 가족이에요.

가장 어린 일벌은 둥지를 깨끗이 청소하고 자라는 애벌레에게 먹이를 줘요.

일벌

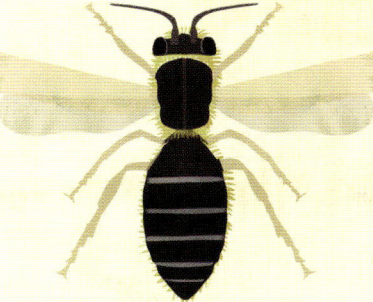
여왕벌

자라서 일벌이 되면, 밀랍을 만들기 시작하거나 집을 짓거나 벌집 안팎으로 꽃가루와 꿀을 옮겨요.

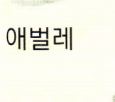
애벌레

여왕벌은 둥지에 머물면서 알을 낳아요. 엄청나게 많은 알을 낳죠! 여왕벌은 딸인 일벌의 보살핌을 받아요.

일벌은 수많은 꽃을 발견하면 벌집으로 돌아와 '8자 춤'을 춰요. 이렇게 춤을 춰서 다른 벌들에게 어느 방향으로 얼마나 날아가야 꽃이 있는지 알려 주죠.

일벌은 둥지를 지키는 일을 넘긴 뒤에야 마침내 밖으로 날아가서 스스로 먹이를 찾아요.

뒤영벌

뒤영벌도 여왕벌 한 마리와 무리 지어 살지만, 뒤영벌 무리는 더 작아요. 뒤영벌은 버려진 동물의 굴이나 새 둥지를 차지하거나 퇴비 더미 안으로 파고들어요. 둥지 안에서는 알을 따뜻하게 유지하려고 열심히 움직여요. 어떤 뒤영벌은 몸에 털이 하나도 없는 특별한 곳을 통해 체온을 알에 전달해 주죠.

털 있는 헬리콥터

뒤영벌의 날개는 퍼덕거리기보다 헬리콥터의 회전 날개에 더욱 가깝게 움직여요. 날개를 너무 빨리 움직여서 붕붕 소리가 나죠. 뒤영벌이 클수록, 붕붕 소리가 더 낮아져요. 자세히 들으면, 뒤영벌이 꽃에 앉을 때마다 내는 아주 특별한 붕붕 소리가 들릴지도 몰라요. 이렇게 흔들면 꽃밥 속 꽃가루를 더 잘 떼어낼 수 있어요!

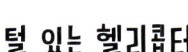

놀라운 개미

개미는 꿀벌과 말벌과 가까운 친척이지만, 거의 날지 않아요. 개미는 땅에서 발을 딛고 생활하는 데에 익숙해요. 사실 과학자들은 개미가 지구의 어떤 생물보다 많다고 생각해요. 바로 지금, 최대 1경 마리의 개미가 지구를 기어 다니고 있어요! 개미는 어디에 살든 생태계를 지탱해 주지요. 개미가 공기와 물을 흙으로 내보내고, 자연에서 나오는 쓰레기를 분해해 줘서 새로운 생명으로 다시 태어날 수 있어요.

약 1만 4천 종의 다양한 개미가 있어요.

여러 일을 하는 턱

개미의 입에는 음식을 씹기 위한 턱이 한 쌍 있어요. 턱은 자르고, 파고, 나르고, 애벌레를 돌보고, 먹이를 잡고, 포식자를 쫓아내는 데도 쓸모가 있어요!

아무도 막지 못하는 군대

남아메리카와 아프리카의 군대개미는 최대 100미터 길이로 열을 지어서 수백만 마리가 행군하는 것으로 유명하죠. 개미는 행진하면서 길에서 도망치지 못하는 것은 뭐든지 먹어요.

불독개미는 턱으로 먹이를 한번 잡으면 쉽게 놔주지 않아요. 무는 것만으로는 충분하지 않다는 듯이 배를 구부려서 아프게 침을 쏘죠.

'아주 무시무시한' 이 개미들은 영역을 지키려고 몸싸움할 때 턱을 꽉 물어요.

중앙난방

개미는 땅 위와 아래에 둥지를 지어요. 불개미는 썩은 나무 그루터기 주위에 솔잎을 쌓아서 둥지를 만들어요. 솔잎이 썩으면, 둥지가 따뜻해져서 아늑하게 유지되죠.

살아 있는 접착제

때로는 애벌레라도 하는 일이 있어요. 베짜기개미는 아직 나무에 매달려 있는 나뭇잎을 접어서 둥지를 만들어요. 작은 곤충에겐 쉽지 않은 일이라서 함께 일하죠. 베짜기개미는 기다란 사슬처럼 나뭇잎의 한쪽 가장자리에서부터 다른 쪽까지 줄줄이 이어지면서 가장자리가 닿을 때까지 하나씩 떨어져 나가요. 애벌레는 서로 딱 붙어 있으려고 끈적끈적한 비단실이 나올 때까지 살살 눌러요. 마치 살아 있는 접착제처럼 말이에요!

모두 다 가족

무리 지어 사는 말벌과 꿀벌처럼 여러분이 보는 개미의 대부분은 암컷이에요. 개미 집단에는 알을 낳는 여왕개미와 알을 낳지 못하는 수천 마리의 암컷 일개미가 있어요. 그중에는 둥지를 지키기에 알맞은 몸이 된 병정개미도 있어요. 알을 수정할 만큼만 사는 수컷도 몇 마리 있어요.

개미는 작은 곤충이지만, 여왕개미는 클 수 있어요! 여왕개미는 다른 개미보다 훨씬 오래 살고 날개를 달고 사는 시기도 있어요.

일개미는 전체 개미 집단을 위해 음식을 모아요. 애벌레에게 먹이를 주며 돌봐요.

개미의 애벌레는 다리가 없어요. 다 자란 개미가 애벌레에게 음식을 가져다주고 안전한 곳으로 옮겨 주죠.

곰팡이를 키우는 개미

가위개미는 열대 우림에 살면서 커다란 나뭇잎을 둥지로 들고 가요. 나뭇잎을 먹지는 않지만, 씹은 나뭇잎에서 곰팡이가 자라서 많아질 때까지 기다려요! 게다가 가위개미는 '잡초를 뽑듯이' 이런 실내 정원에서 해로운 미생물을 없애요.

달콤한 간식

많은 개미가 진딧물이 만든 단물을 즐겨 먹어요. 하지만 진딧물은 1년 중 특정 시기에만 살아요. 꿀단지개미는 몸에 달콤한 액체를 저장해서 이 문제를 해결해요. 물과 음식을 찾기 어려울 때 일개미가 '꿀단지개미'의 배를 쓰다듬으면 꿀을 토해내죠! 꿀이 너무 맛있어서 사람들도 좋아하는 간식이에요!

돌좀과 양좀

곤충은 인간이 있기 훨씬 전부터 지구에 살았어요. 심지어 공룡이 나오기 전부터 살았어요. 이런 '살아 있는 화석'은 돌 밑, 마른 잎 사이, 가끔 우리 집 안에 숨어 있어요. 만약에 한 마리를 발견하면, 자세히 들여다봐요. 그러면 4억 년 전으로 시간 여행을 하는 것 같아요.

돌좀은 조류나 이끼를 먹으려고 여기저기 휙휙 찾아다녀요. 놀라면 하늘 높이 펄쩍 뛰어오를 수 있어요.

살아 있는 화석

돌좀과 양좀은 약 4억 년 전에 살았던 곤충 화석과 거의 비슷해요. 그래서 과학자들은 다른 곤충이 시간이 지나면서 어떻게 진화했는지 알아보려고 이들 곤충과 비교할 수 있어요. 예를 들어 돌좀은 대부분의 곤충보다 냄새를 잘 맡지 못하고 한살이가 더 단순해요.

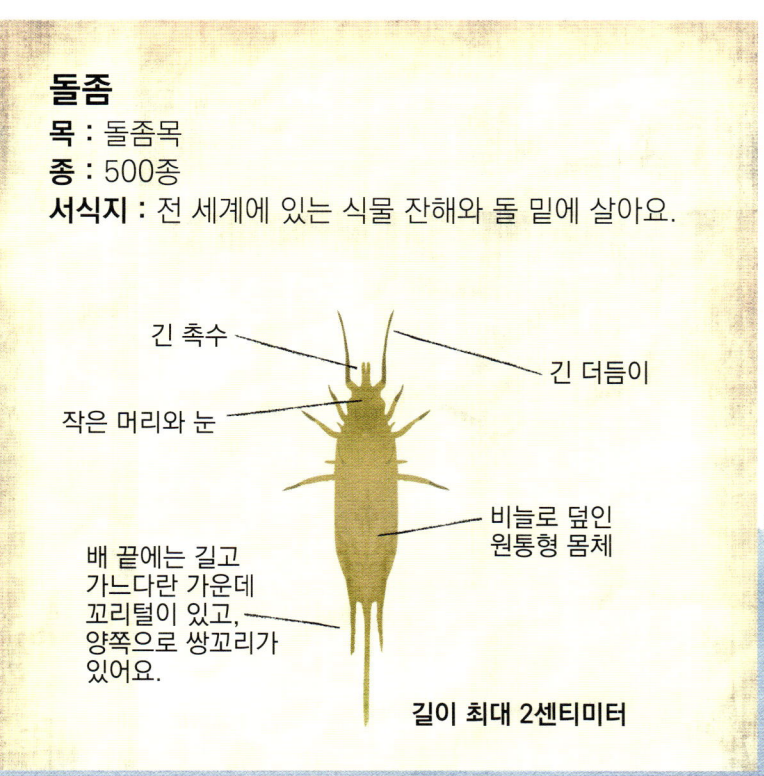

돌좀
- 목 : 돌좀목
- 종 : 500종
- 서식지 : 전 세계에 있는 식물 잔해와 돌 밑에 살아요.

긴 촉수
긴 더듬이
작은 머리와 눈
비늘로 덮인 원통형 몸체
배 끝에는 길고 가느다란 가운데 꼬리털이 있고, 양쪽으로 쌍꼬리가 있어요.

길이 최대 2센티미터

바닷가에 살기

바닷돌좀(Shore bristletail)은 헤엄치지 못하지만, 파도 밖으로 뛰쳐나갈 수 있어요. 말하자면 바위에서 조류(바닷말)를 긁어 먹으며, 바다 옆에서 살 수 있어요.

다른 점 찾기

양좀은 물고기처럼 생겼으며 반짝이는 비늘이 있어요. 게다가 양좀이 꼬리를 이리저리 움직이며 바닥을 재빨리 가로지를 때는 물고기가 헤엄치는 것처럼 보여요. 양좀은 빨리 달릴 수 있지만, 돌좀처럼 뛰지는 못해요.

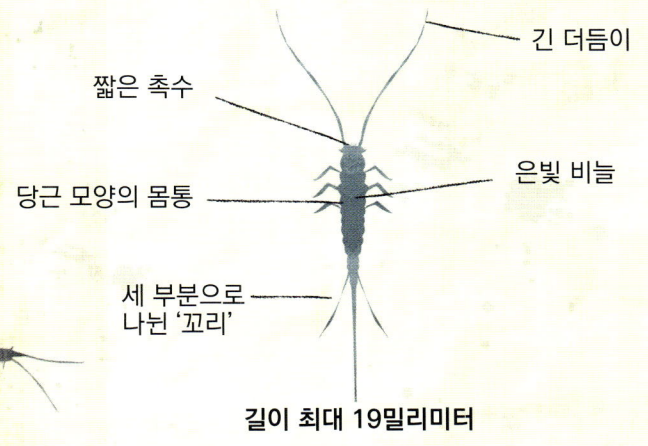

양좀과 얼룩좀
- **목** : 좀목
- **종** : 400종
- **서식지** : 건물 안을 포함해서 전 세계의 축축하고 습한 곳

- 긴 더듬이
- 짧은 촉수
- 은빛 비늘
- 당근 모양의 몸통
- 세 부분으로 나뉜 '꼬리'

길이 최대 19밀리미터

야간 청소부

양좀은 쓰레기 더미를 뒤져서 먹이를 찾아 먹어요. 양좀은 음식 부스러기에서부터 벽지에 바르는 풀과 책을 묶는 접착제에 이르기까지 녹말이 들어간 건 뭐든지 갉아 먹고서 장내에 있는 좋은 박테리아의 도움을 받아 소화해요.

양좀은 포식자한테서 도망치려고 비늘을 버릴 수 있어요. 그러면 양좀을 계속 쫓아오기가 매우 힘들어지죠!

양좀의 감각

양좀은 잘 보거나 듣지 못하지만, 아주 민감한 더듬이와 가는 꼬리털이 눈과 귀를 대신해요. 양좀은 사람이 감지하지 못하는 온갖 다양한 것을 느끼고 맛보고 냄새 맡을 수 있어요.

얼룩좀

양좀과 얼룩좀은 우리 집에 사는 걸 정말 좋아하지만 밤에 돌아다녀서 발견하기가 어려워요. 오븐 근처와 난롯가처럼 아주 따뜻한 곳에 몰려 있는 얼룩좀을 찾을 수 있어요.

하루살이와 잠자리와 실잠자리

하루살이와 잠자리는 날개가 있는 최초의 곤충 중 하나였어요. 적어도 3억 년 동안 지구의 민물이 흐르는 곳 근처에서 날개를 펄럭이며 휙 지나다녔지요. 쥐라기와 백악기 시대에 익룡이 날아다녔던 하늘을 같이 날아다닌 셈이에요.

하루살이
- **목** : 하루살이목
- **종** : 3100종
- **서식지** : 전 세계의 민물 근처

입이 없어요.
큰 눈
크고 삼각형 모양의 앞날개
짧은 더듬이
작은 뒷날개
긴 꼬리털과 쌍꼬리

길이 최대 10센티미터

엄청나게 많은 하루살이 떼
다 자란 하루살이는 겨우 몇 시간 또는 며칠밖에 살지 못해요. 하루살이는 타고난 수명이 짧아서 수백만 마리가 큰 무리를 이루며 동시에 어른벌레가 되죠. 그러면 짧은 시간에 짝을 찾을 수 있는 최고의 기회가 생겨요. 수정된 알이 물에 떨어지면, 다시 일생이 시작되죠.

하루살이 애벌레
하루살이는 대부분 강과 개울에서 애벌레로 살면서 최대 2년간 조류와 식물을 먹어요. 하루살이 애벌레는 수질 오염에 쉽게 피해를 당하기 때문에 하루살이가 많이 보이면 물이 깨끗하고 생태계가 건강하다는 증거랍니다.

하루살이의 청소년기
하루살이는 '십 대' 시기가 있는 유일한 곤충이에요! 하루살이는 애벌레 껍질에서 마지막으로 꿈틀거리며 나온 뒤에, 청소년기에는 물 밖으로 날아가서 안전한 곳을 찾아 제대로 어른벌레로 탈피한 뒤에야 짝짓기를 준비하죠.

마다가스카르하루살이 애벌레는 너무 크게 자라서 오히려 갑각류에 더 가까워 보여요!

완벽한 포식자

잠자리는 3억 년의 진화를 겪으면서 완벽한 포식자로 잘 발달해서, 공격한 먹이 중 95%를 잡아요. 잠자리는 놀라운 시력과 뛰어난 비행 기술 덕분에 앞다리로 공중에서 먹이를 확 잡을 수 있어요.

특별한 눈

잠자리의 머리는 거의 전부가 눈이에요. 잠자리는 3만 개의 낱눈으로 몸의 거의 모든 방향과 위아래를 자세히 초점 맞출 수 있어요. 사람의 눈은 빛의 세 가지 색깔인 빨강, 초록, 파랑을 감지할 수 있어요. 잠자리의 눈은 자외선을 포함해서 적어도 11가지 다른 색을 감지할 수 있어요.

살아 있는 헬리콥터

잠자리는 굉장한 공중 곡예를 펼쳐서 드론 제작자에게 영감을 줘요! 잠자리는 앞날개와 뒷날개를 다른 각도와 속도로 퍼덕거려서 뒤로, 수직으로, 거꾸로도 날 수 있어요. 하지만 근육을 움직이려면 햇빛이 필요하므로 맑은 날에만 먹잇감을 향해 확 달려드는 잠자리를 볼 수 있어요.

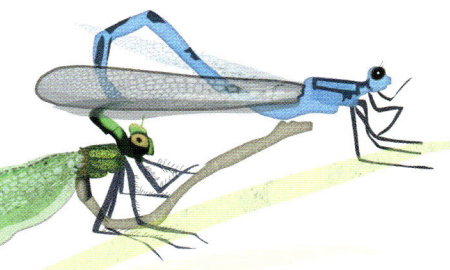

하트 만들기

한 쌍의 실잠자리는 짝짓기할 때 바퀴나 하트 모양을 만들어요. 쌍꼬리를 잡으면, 날고 있을 때도 서로 붙어 있을 수 있어요.

잠자리와 실잠자리

목 : 잠자리목
종 : 5600종
서식지 : 전 세계 민물 근처

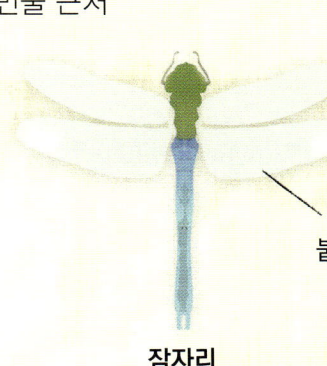

- 무는 입
- 큰 눈
- 네 개의 길고 좁은 날개
- 기다란 몸
- 가시 있는 다리
- 암컷 꼬리털 수컷 교미부속기

날개는 옆으로 붙인 채 쉬어요.

잠자리

날개는 몸 위로 접은 채 쉬어요.

실잠자리

길이 최대 12센티미터

된장잠자리는 어떤 곤충보다도 더 멀리 이동하며, 매년 1만 8천 킬로미터 이상을 날아가요.

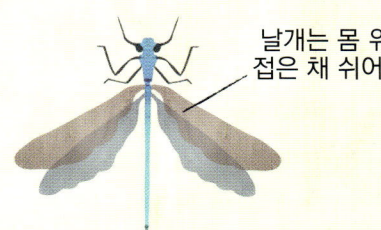

수백만 종 이상

지금까지 약 백만 종의 곤충이 발견되어서 이름이 붙여졌어요.
수백만 종 이상이 더 발견될지도 모르지만, 우리가 찾는 속도보다
더 빠르게 사라지고 있어요.

지난 4억 년 동안 곤충은 공룡보다 오래 살았고, 빙하기보다 오래 견뎠으며, 훨씬 더 큰 동물보다 뛰어났어요. 하지만 우리는 이제 곤충이 이겨내지 못하는 대멸종의 한 가운데에 있을지도 몰라요. 점점 많아지는 인구는 지구에 스트레스를 주고 있어요. 자연 서식지는 오염되거나 심지어 파괴되고 있어요. 기후는 변하고 있고요. 곤충은 거의 절반이나 되는 종이 줄어들고 있어요. 곤충은 포유류, 조류, 파충류보다 8배 빨리 죽어가고 있어요. 가장 큰 멸종 위기에 처한 곤충은 나방, 나비, 개미, 꿀벌, 말벌, 딱정벌레죠.

놀라운 곤충의 종과 뛰어난 능력이 해마다 새로이 발견되고 있어요. 자살폭탄개미는 보르네오에서 발견되었는데, 적의 공격을 받으면 일개미가 폭발해서 둥지를 지키죠! 과학자들은 꿀벌부채명나방의 애벌레가 장 속 미생물의 도움으로 플라스틱을 소화할 수 있다는 사실을 발견했어요. 여러분의 이름을 딴 곤충이 있을 수도 있어요. 뿔매미 종 (헤베티카 실비)은 정원에서 뿔매미를 발견한 두 살짜리 여자아이인 실비의 이름을 따서 지어졌어요.

곤충을 보호해 줘요!

곤충을 보호해야 하는 이유는 정말 많아요. 가장 큰 이유는 곤충이 지구라는 행성에서 놀라운 다양성을 이루는 일부이기 때문이에요. 곤충은 지구에 사는 거의 모든 생명체한테 중요해요. 음식을 제공하고, 영양분을 재활용하고 (우리가 먹는 대부분의 식물을 포함해서) 식물의 꽃가루를 옮겨 주거든요. 곤충이 없으면 생태계는 붕괴하고 말 거예요.

곤충은 다 중요해요! 그리고 곤충은 어디에나 있어요! 곤충은 특이하고 아름답고 빛나는 우리 이웃이에요. 우리는 어느 때보다도 서로가 필요해요. 다음에 숲에서 달아나거나 집 주변에서 돌아다니거나 정원에서 날아다니는 곤충을 보면, 지구에서 가장 중요한 생물을 보호하기 위해서 뭘 할 수 있는지 스스로 물어봐요.

무엇을 할 수 있을까요?

땅을 파서 작은 연못을 만들어 봐요.

곤충이 숨을 장소를 만들어 봐요.

'잡초'와 풀이 자라게 둬요.

퇴비 더미를 만들어요.

들꽃을 심어 봐요.

절대로 화학 물질을 바깥에 사용하지 말아요.

단어 풀이

7대륙 : 지형학적으로 지구 표면에 있는 광대한 육지로, 아시아, 유럽, 아프리카, 북아메리카, 남아메리카, 오세아니아, 남극 대륙이 있음.

대멸종 : 생물이 지구에 나타난 이후, 지구 환경이 갑작스럽게 변화해 최소 열한 차례에 걸쳐 생물이 크게 멸종한 사건 가운데 규모가 큰 다섯 차례의 멸종.

경(京) : 10000000000000000. 조(兆)의 만 배가 되는 수.

서식지 : 곤충이나 동식물 등 생물이 자연에서 자리를 잡고 사는 곳.

겉뼈대 : 외골격. 동물체의 겉면에 있는, 몸을 보호하기 위하여 딱딱해진 구조. 연체동물의 껍데기, 절지동물의 키틴질의 표층 따위가 있음.

꽃가루받이 : 수분. 종자식물에서 수술의 꽃가루가 암술머리에 옮겨 붙는 일. 바람, 곤충, 새, 또는 사람의 손에 의해 이루어짐.

생태계 : 생물이 살아가는 세계. 특정 환경에서 살면서 상호 작용을 하는 생명체의 무리와 그를 둘러싼 환경 요인을 포함한 복합 체계.

무척추동물 : 척추, 즉 등뼈가 없는 원시적이며 하등한 동물들로, 원생동물에서부터 극피동물까지 31문(門)이 있으며 전체 동물의 약 90퍼센트를 차지함.

절지동물 : 등뼈가 없는 무척추동물 중에서도 몸이 딱딱하며, 몸과 다리에 마디가 있는 동물로 일반적으로 몸이 작고, 좌우 대칭이며, 체절이 있고, 겉껍질이 단단한 동물을 통틀어 부르는 말.

포식자 : 다른 동물을 먹이로 하는 동물.

몸마디 : 체절. 절지동물, 환형동물 따위의 몸을 이룬 낱낱의 마디.

강(綱) : 생물 분류학상의 한 단위. 문(門)의 아래, 목(目)의 위에 해당하며 넓은 범위의 생물군을 포함하지만 그들은 공통된 뚜렷한 특징을 가짐.

종(種) : 종류. 생물 분류의 기초 단위.

키틴질 : 곤충류나 갑각류의 겉뼈대를 이루는 물질.

겹눈 : 낱눈이 벌집 모양으로 여러 개 모여 된 눈. 절지동물에서 흔히 나타나며 여러 방향에 있는 물체의 형태를 동시에 식별할 수 있고 곤충은 색채를 판별할 수 있음.

홑눈 : 곤충류, 거미류 따위의 절지동물에서 볼 수 있는 간단한 구조의 시각기. 밝고 어두운 정도를 구분하는 역할을 함.

낱눈 : 곤충을 비롯한 대부분의 절지동물의 겹눈을 이루는 하나하나의 단위가 되는 눈.

숨구멍 : 기문. 절지동물의 몸마디 옆에 있는 숨을 쉬는 구멍. 보통 몸마디마다 한 쌍씩 있음.

목(目) : 생물 분류의 한 단위. 과(科)의 위이고 강(綱)의 아래에 해당하며 강에 비해서 훨씬 자연적으로 이루어진 무리가 많음.

큐티클 : 각피. 생물의 체표 세포에서 분비하여 생긴 딱딱한 층. 몸을 보호하고 수분의 증발을 방지하는 역할을 함.

허물벗기 : 탈피. 곤충류와 파충류 등이 자라면서 허물이나 껍질을 벗음.

탈바꿈 : 변태. 동물이 성장하는 과정에서 모양이나 형태가 바뀌는 큰 변화를 겪고 성체가 되는 것. 또는 그런 과정.

짝짓기 : 동물 암컷과 수컷이 짝을 이루거나, 짝이 이루어지게 하는 일. 또는 교미하는 행위.

발음기 : 발음 기관. 동물체의 소리를 내는 기관.

스노클 : 잠수할 때 물 밖으로 연결하여 숨을 쉬는 데 쓰는 호흡관.

기생 : 서로 다른 종류의 생물이 함께 생활하며, 한 생물이 다른 생물의 영양분을 빼앗으면서 살아가는 관계. 또는 그런 생활 형태.

설치류 : 쥐류. 초식 또는 잡식성 척추동물로, 몸에는 털이 덮여 있으며 날카로운 앞니를 가지고 있음.

조류(藻類) : 하등 은화식물의 한 무리. 말무리라고도 하며, 흔히 물속에 사는 광합성 생물을 아우르는 말.

지구 온난화 : 지구의 기온이 높아지는 현상.

아목(亞目) : 생물 분류의 한 단위. 목(目)의 아래이고 과(科)의 위에 해당함.

산란관 : 곤충류 등의 배 끝에 발달한, 알을 낳는 기관. 관 모양으로 되어 있으며, 벌·모기·메뚜기 따위에 있음.

날개맥 : 시맥. 곤충의 날개에 무늬처럼 갈라져 있는 맥. 번데기 시기에 체액이 흐르고 기관과 신경이 분포해 대사를 맡아보며, 곤충 분류의 중요한 기준이 됨.

과(科) : 생물 분류의 한 단위. 속(屬)의 위이고 목(目)의 아래에 해당함.

생물 발광 : 생물체가 빛을 내는 현상. 균류·세균류·반딧불이·지렁이·해파리 따위에서 볼 수 있으며, 광선은 열이 없고 노랑·초록·파랑 따위의 색을 띰.

유시충 : 태생적으로 날개가 있는 어른벌레. 특히 개미와 흰개미의 날개가 있는 개체로 생식 능력이 있는 어른벌레를 뜻함.

딱지날개 : 딱정벌레류의 겉날개. 날개가 단단하여 속날개와 배를 보호함.

단어 풀이

폴리스티렌 : 스타이렌 수지. 스타이렌을 중합해 만드는 색 없고 투명한 합성수지. 전기 절연성과 내약품성이 뛰어나서 장난감, 전기 기구 따위에 쓰임.

말라리아 : 말라리아 병원충을 가진 학질모기에게 물려서 감염되는 법정 감염병. 갑자기 고열이 나며 설사와 구토, 발작을 일으키고 비장이 부으면서 빈혈 증상을 보임.

황열 : 아프리카 서부와 남아메리카에서 볼 수 있는 악성 전염병. 황열 바이러스가 주로 간과 콩팥을 침범하는데, 고열이 나고 피가 섞인 검은색의 구토와 황달을 일으키며 사망률이 높음.

벌레혹 : 식물의 줄기, 잎, 뿌리 따위에서 볼 수 있는 혹 모양의 불룩한 부분.

알레르기 : 꽃가루, 곰팡이, 복숭아, 우유, 털 등으로 인해 두드러기, 콧물, 열, 눈물 같은 이상 면역 반응이 일어나는 일.

오스트랄라시아 : 오스트레일리아, 태즈메이니아, 뉴질랜드 및 그 부근의 남태평양 제도를 통틀어 이르는 말.

가래톳 페스트 : 페스트균에 감염되어 림프샘이 붓고 아픈 병. 페스트에 걸린 쥐나 페스트 환자를 물었던 일본쥐벼룩에 물려서 옮는데, 균이 발생시킨 독소가 간이나 지라에 퍼져 의식 혼탁과 심장 쇠약 증상이 나타나며, 일주일 안에 사망함.

레실린 : 벼룩의 넓적다리마디에 압축되어 들어 있는 단백질의 하나.

평균곤 : 파리목 곤충에서, 몸의 평형을 유지하는 역할을 하는 곤봉 모양의 돌기. 뒷날개가 퇴화되어 생긴 것.

비늘가루 : 인분. 나비, 나방 등 곤충의 날개에 있는 비늘 모양의 분비물.

초음파 : 사람이 들을 수 없는 2만 헤르츠 이상의 높은 진동수를 가진 소리.

쥐라기 : 중생대를 다시 셋으로 나누었을 때 가운데에 해당하는 지질 시대. 약 1억 8000만 년 전부터 약 1억 3500만 년 전까지의 약 4500만 년간의 시기.

백악기 : 중생대를 3기로 나누었을 때 마지막 지질 시대. 약 1억 4500만 년 전부터 6500만 년 전까지의 시대.

교미부속기 : 수컷 잠자리 배 끝에 있는 부속 기관으로 짝짓기할 때 암컷을 붙잡는 역할을 함.